MEDITAÇÃO

Segredo Para Uma Vida Zen Bem Sucedida E Feliz

(Espiritualidade Para Iniciantes)

Henio Zając

Traduzido por Daniel Heath

Henio Zając

Meditação: Segredo Para Uma Vida Zen Bem Sucedida E Feliz (Espiritualidade Para Iniciantes)

ISBN 978-1-989837-48-1

Termos e Condições

De modo nenhum é permitido reproduzir, duplicar ou até mesmo transmitir qualquer parte deste documento em meios eletrônicos ou impressos. A gravação desta publicação é estritamente proibida e qualquer armazenamento deste documento não é permitido, a menos que haja permissão por escrito do editor. Todos os direitos são reservados.

As informações fornecidas neste documento são declaradas verdadeiras e consistentes, na medida em que qualquer responsabilidade, em termos de desatenção ou de outra forma, por qualquer uso ou abuso de quaisquer políticas, processos ou instruções contidas, é de responsabilidade exclusiva e pessoal do leitor destinatário. Sob nenhuma circunstância qualquer, responsabilidade legal ou culpa será imposta ao editor por qualquer reparação, dano ou perda monetária devida às informações aqui contidas, direta ou indiretamente. Os respectivos autores são proprietários de todos os direitos autorais não detidos pelo editor.

Aviso Legal:
Este livro é protegido por direitos autorais. Ele é designado exclusivamente para uso pessoal. Você não pode alterar, distribuir, vender, usar, citar ou parafrasear qualquer parte ou o conteúdo deste ebook sem o consentimento do autor ou proprietário dos direitos autorais. Ações legais poderão ser tomadas caso isso seja violado.

Termos de Responsabilidade:
Observe também que as informações contidas neste documento são apenas para fins educacionais e de entretenimento. Todo esforço foi feito para fornecer informações completas precisas, atualizadas e confiáveis. Nenhuma garantia de qualquer tipo é expressa ou mesmo implícita. Os leitores reconhecem que o autor não está envolvido na prestação de aconselhamento jurídico, financeiro, médico ou profissional.

Ao ler este documento, o leitor concorda que sob nenhuma circunstância somos responsáveis por quaisquer perdas, diretas ou indiretas, que venham a ocorrer como resultado do uso de informações contidas neste documento, incluindo, mas não limitado a, erros, omissões, ou imprecisões.

Índice

Parte 1 1

Introdução 2

As Origens Da Meditação 3

"O Caminho Da Moderação É O Meio, Entre Os Extremos Da Indulgência Sensual E Da Automortificação". 7

OS BENEFÍCIOS DA MEDITAÇÃO 9

A Importância Do Chacra Na Meditação 16

Os Sete Principais Pontos De Chacra 25

O CHACRA RAIZ – VERMELHO 25
O CHACRA SACRAL, (CHACRA DO VENTRE) – LARANJA 26
O CHACRA DO PLEXO SOLAR - AMARELO 27
O CHACRA CARDÍACO – VERDE 29
O CHACRA LARINGEO – AZUL 30
O CHACRA DO TERCEIRO OLHO – ROXO 31
O CHACRA CORONÁRIO – BRANCO 32

Como Meditar 33

ABRINDO OS PONTOS DE CHACRA 40
LIMPEZA DO CHACRA 44
FECHANDO OS PONTOS DE CHACRA 46

Estilos De Meditação 47

Técnicas De Meditação 48

MANTRA DE MEDITAÇÃO 53
EXEMPLOS DE FRASES MODERNAS PARA MANTRAS 56
EXEMPLOS DE FRASES TRADICIONAIS PARA MANTRAS 57
CONSCIÊNCIA PLENA 57

Exercícios Práticos De Meditação 59

Autoconhecimento Emocional 63
Conclusão 66
Parte 2 68
Introdução 69
Capítulo 1. 71
A História Da Meditação 71
ANTES DA ERA COMUM (AEC/A.C) 71
ERA COMUM (EC/D.C) 72
Capítulo 2. 78
Os Benefícios Psicológicos Da Meditação 78
ESTRESSE 78
NEUROGÊNESE 78
DISTÚRBIOS DA MENTE 80
Capítulo 3. 85
Os Benefícios Emocionais Da Meditação 85
FELICIDADE 85
ESTABILIDADE EMOCIONAL 85
TIMIDEZ 86
RELACIONAMENTOS MAIS FORTES 87
REDUZ ESTRESSE E ANSIEDADE 88
CONTROLE DA RAIVA 92
Capítulo 4. 95
Os Benefícios Físicos Da Meditação 95
LONGEVIDADE 95
PELE ANTIENVELHECIMENTO 100
DOR E DOENÇA 100
CÉREBRO 104
HORMÔNIOS E PRODUTOS QUÍMICOS 106
SONO E RELAXAMENTO 109

Corpo 111
Sistema Reprodutivo 114
Capítulo 5. 118
Diferentestipos De Meditação 118
Capítulo 6. 127
Escolhendo A Meditação Certa Para Você 127
Mindfulness (Atenção Plena): 127
Capítulo 7. 134
Como Meditar 134
Meditação Mindfulness(Atenção Plena): 134
Vipassana: 136
Meditação Taoísta: 138
Mantra: 139
Meditação Zazen (Zen): 143
Meditação Da Bondade Amorosa: 148
Meditação Yoga: 152
Eu Sou: 154
Qigong: 155
Meditação Guiada: 156
Conclusão 160

Parte 1

Introdução

Este livro contém passos e técnicas que irão melhorar o seu bem-estar físico e mental, e permitir que você obtenha um nível de controle sobre suas respostas emocionais a situações do seu dia-a-dia.
Nessas páginas contem informações sobre as origens da meditação, como ela se espalhou do mundo oriental e foi adaptada para se adequar à vida moderna, mantendo todos os benefícios experimentados por praticantes de diferentes técnicas de meditação a séculos atrás, uma explicação completa do propósito e importância de seus pontos de chacra e um guia para praticar meditação e muito mais.
Descubra por que e como a meditação pode ser usada e como você pode efetivamente integrá-la em sua vida moderna com pouco esforço. Em pouco tempo, será uma parte importante da sua rotina diária e você estará se perguntando como você já conseguiu viver sem ela.
Obrigada novamente por baixar esse livro.

As origens da meditação

Apesar de sua ascensão em popularidade nos últimos anos, a arte da meditação existe há mais de 5000 anos. Foram descobertos e autenticados artefatos indianos antigos que descrevem a prática da meditação e com isso foi descoberto que as escrituras tântricas arcaicas contêm referências a essa técnica chamada de "nova era".

Acredita-se que as origens da meditação datam do tempo de vida de Siddhartha Gautama, conhecido também como Guatama Buddha (suas datas exatas de nascimento e morte não são conhecidas, mas acredita-se que sejam em torno de 563 A.C. a 483 A.C.). Geralmente chamado como "Buda" (que significa "iluminado"), ele é conhecido por ter nascido no Nepal, (anteriormente conhecido como Lumbini). Seu pai, o atual chefe / rei, deu a Buda tudo o que ele desejava, exceto a liberdade, preferindo guardar dele todo o conhecimento do sofrimento e da religião.

Ele casou aos 16 anos com sua prima e acredita-se que eles tinham um filho, Rahula, mas apesar de ter crescido com todas as coisas que o dinheiro e o privilégio podiam proporcionar, juntamente com uma existência protegida da influência negativa, Buda permaneceu intocado. Ele evitou a riqueza material e aos 29 anos, deixou sua família e partiu de sua casa em busca do verdadeiro sentido da vida.

Depois de um caminho de 420 km Buda Gautama chegou até Bodh Gaya em Bihar na Índia, ao templo de Mahabodhi. É nos terrenos deste templo, sob os ramos de uma figueira antiga, a "Árvore Bodhi", que se acredita que Buda encontrou a iluminação. A árvore Bodhi ainda é considerada como um dos locais mais sagrados do budismo.

Esta iluminação incentivou Buda a procurar mais em sua busca pela verdade que o levou ao eremita, Alara Kalama. O eremita era um professor de Meditação Yóguica que aceitou Buda como seu discípulo, ensinando-lhe os segredos para alcançar o estado mental perfeito de consciência e equanimidade o estado Dhyanico ou, mais simples como a Esfera do Nada.

Buda passou dois anos com Alara Kalama até não restar nada para Kalama ensiná-lo. Tendo consumido todo o conhecimento do eremita, ele seguiu em frente em busca de sua próxima fonte de informação.

Sua jornada o levou a uma floresta perto do reino de Magadha com sua capital em Rajagriha. Foi lá que ele conheceu a professora e meditadora, Uddaka Ramaputta. Uddaka concordou em ensinar a Buda tudo o que ela sabia sobre meditação e ajudou-o a alcançar níveis mais elevados de consciência quando estava em seu estado meditativo, mas assim como com Kalama, Uddaka logo chegou a um ponto em que Buda superou seus níveis de conhecimento.

Ao longo dos anos seguintes de sua vida, escritos antigos mostram que Buda tinha cinco companheiros que compartilhavam sua jornada de iluminação. Juntos, eles se privaram de todos os bens materiais que muitos de nós consideramos cruciais e se colocaram no limite com todo tipo de tormento, incluindo um período de tempo em que eles renunciaram à comida em sua busca de conhecimento espiritual.
Esta automortificação levou Buda a ter uma experiência de quase morte. Fraco por falta de comida, ele entrou em colapso enquanto estava em um rio. Felizmente, uma garota da aldeia local estava por perto e conseguiu arrastá-lo do rio e salvá-lo do afogamento. Enquanto se recuperava, Buda chegou à conclusão de que tais medidas extremas eram desnecessárias para a realização espiritual e pessoal, mas ainda estava descontente com os valores que a maioria dos humanos colocava nas coisas materiais.

Depois de pesquisar tudo o que aprendeu desde que saiu de casa, concluiu que os ensinamentos de sua primeira professora, Alara Kalama, era o caminho a seguir e proclamava o que mais tarde se tornaria seu primeiro ensinamento:

"O caminho da moderação é o meio, entre os extremos da indulgência sensual e da automortificação".

Esse pensamento levou-o a desenvolver as quatro nobres verdades que são o próprio coração do budismo.

1. A verdade sobre sofrimento
2. A verdade sobrea causa do sofrimento
3. A verdade sobre a liberdade do sofrimento
4. A verdade sobre caminho para eliminar o sofrimento

Dizem que, ao dominar as quatro nobres verdades, você alcançará um lugar de completa e total paz de espírito, que o deixará livre de influências negativas, um estado conhecido como Nirvana.

Anos depois, Buda concordou em transmitir seu conhecimento sobre os outros, compartilhando suas técnicas meditativas e os ensinamentos que ele havia adquirido. Esses ensinamentos se espalharam pelo mundo oriental e logo outras culturas e religiões começaram a adotar práticas meditativas, adaptando as técnicas e ensinamentos às suas crenças.

Apesar do uso generalizado da meditação, foi apenas em meados dos anos 1900, que o mundo ocidental se aproximou e começou a incorporar essa prática ao estilo de vida moderno.

O Nirvana é o ápice da meditação e poucos de nós são disciplinados o suficiente, ou têm tempo livre suficiente para praticar nesse nível, mas isso não significa que não podemos reunir os benefícios de meditar e melhorar nossos estados físico, mental e emocional.

Os benefícios da meditação

O único objetivo da meditação realizado por todos os praticantes desta arte, tanto especialista como novato, é equilibrar o mental e emocional com o físico para criar bem-estar geral.
Apesar de ser um processo vagaroso para adotar a prática, o mundo ocidental já gastou muito tempo e recursos para estudar os benefícios da meditação, e descobrir porque e como uma prática tão simples pode ter um impacto tão grande em nossa saúde.
Depois de descobrir os danos que o estresse causa em nosso sistema e encontrar com que frequênciaele está ligado ao desencadeamento de doenças físicas e mentais, aprendemos a capacidade de liberar nossas tensões e obter um nível de controle sobre processos mentais e reações, sem o auxílio de medicação, tem sido ativamente encorajado por muitos profissionais médicos.

Cada vez mais, doenças mentais como depressão, vícios, estresse e ansiedade estão sendo tratadas com meditação. A partir deste tratamento, muitos praticantes também viram uma redução em seus problemas físicos com melhorias sendo mostradas em problemas cardíacos, doenças relacionadas à dor crônica e cansaço, pressão arterial, memória, problemas digestivos e imunodeficiência.

Para obter todos esses benefícios e mais, não precisamos fazer nada além de aprender como aproveitar nossa energia vital (prana) e direcioná-la por nossos pontos de chacra por entre 15 a 30 minutos por dia.

É claro que, no começo, não é tão simples assim, mas com um pouco de prática você descobrirá que é capaz de fazer isso sem pensar; será tão fácil para você quanto respirar.

Existem cinco diferentes estados de atividade dentro do cérebro, são eles:

1. O estado Gama
2. O estado Beta

3. O estado Alfa
4. O estado Teta
5. O estado Delta

Quando o cérebro está no estado Gama, está funcionando em um nível de hiperatividade. Este é o estado em que o cérebro está trabalhando em um nível maior de atividade e absorvendo e retendo mais informações do que o normal.
Altos níveis de Gama significam uma maior capacidade de focar e concentrar a mente, processar informações novas ou antigas e recordar memórias. Além disso, quando estamos em um estado Gama nossos sentidos são intensificados e estamos mais conscientes do nosso ambiente, tanto física quanto mentalmente, nossos níveis de felicidade aumentam e temos um melhor senso de compaixão e autocontrole.
Neurocientistas realizaram muitos experimentos sobre o estudo da meditação em relação ao estado Gama, e suas descobertas mostraram que, ao

entrar em um estado meditativo, a atividade Gama aumenta juntamente com a atividade no lado esquerdo do cérebro e a atividade da mão direita, e a atividade do lado direito do cérebro diminui.

Por causa de seu nível de alta intensidade, se superestimulado, o estado Gama pode causar níveis elevados de ansiedade.

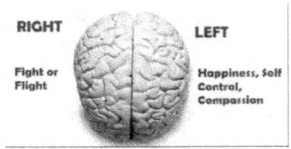

O estado Beta é o estado usual da mente consciente para a maioria das pessoas. Este é o estado em que ficamos quando estamos acordados, o estado que nos permite pensar, analisar, lidar com problemas e elaborar planos e é onde a maioria de nós passa a maior parte de nossas vidas despertas.

Beta é o estado de estar alerta e ativo mentalmente, devido ao seu nível de atividade, é também o estado responsável por pensar demais e se preocupar.

O Estado Alfa foi apelidado por alguns como o "Portão para o Subconsciente". Este é o estado mental relaxado, calmo, consciente e prazeroso. É leve, reflexivo e permite imaginação, criatividade, visualização e sonhos diurnos.

O estado de Teta é o próximo nível de consciência. Nosso subconsciente é aberto e acessível e nossa mente consciente é calma e recua para o fundo. Entramos em Teta quando adormecemos, mas também quando estamos em um estado meditativo profundo. Você está ciente do ambiente ao seu redor, mas liberto das restrições e distrações da vida diária. Sua intuição é tangível e a verdadeira natureza de si mesmo é revelada para você ver.

O estado final da mente é Delta, nosso estado mais profundo e mais lento, é geralmente alcançado apenas quando estamos nas profundidades verdadeiras do sono. Este é o Nirvana, um lugar acessível através da meditação apenas pelos devotos mais dedicados, como os monges budistas.

Este nível é onde nossa mente espiritual pode se conectar com o universo e estar em paz. Este nível também pode ser usado para regenerar os aspectos mentais e físicos do nosso ser da mesma maneira que um sono profundo e restaurador.

O Dr. Herbert Benson, da escola de medicina de Harvard, realizou muitos estudos sobre meditação. Suas descobertas mostraram que durante a meditação nosso fluxo sanguíneo muda do estado normal de vigília, onde é direcionado para o sistema nervoso simpático e, em vez disso, viaja para o sistema nervoso parassimpático. Enquanto na superfície isso pode não parecer muita diferença, o sistema nervoso simpático é o que governa nosso reflexo de luta ou fuga. Esse reflexo é responsável pela maior parte da ansiedade e confusão que sentimos.

O redirecionamento do fluxo sanguíneo nos permite alcançar um nível de calma que de outra forma não poderíamos experimentar. Assim como o estresse tem um enorme impacto negativo sobre o nosso bem-estar mental e físico, essa tranquilidade concede um nível semelhante de impacto, mas de uma maneira positiva e, através disso, obtemos muitos benefícios para a saúde.

A meditação diária ajudará a aliviar o stress e a ansiedade, o que leva a benefícios de saúde a longo prazo. Após um curto período de prática regular, você começará a notar pequenas melhorias em sua saúde geral e estado de espírito, mas, como em todas as coisas, para alcançar os benefícios em longo prazo associados à meditação regular, você precisará trabalhar essa prática em seu dia a dia.

Como afirmei no capítulo um, você precisa encontrar não mais do que 15 a 30 minutos por dia para meditar, isso é um mínimo, mas é realmente uma escolha pessoal por quanto tempo você continua a meditar a cada vez.

No começo você pode precisar de um pouco mais de tempo do que isso, pois você precisa aprender a entrar em um estado meditativo, mas com a prática você se tornará cada vez mais proficiente nisso até que possa fazê-lo quase instantaneamente e com pouco ou nenhum esforço.

A importância do chacra na meditação

Muitas pessoas já ouviram falar do chacra, mas o conhecimento delas é limitado, o uso correto desses pontos de energia dentro do corpo pode melhorar o bem-estar físico e mental. Embora não seja essencial utilizar o seu chacra quando está meditando, certamente será benéfico se você o fizer. Quais são os chacras e como você os usa?

Os pontos de chacra são pontos centralizados de energia dentro de seu corpo que ajudam a regular e estabilizar as funções corporais e mentais que cada ponto controla. Desde seu sistema imunológico, órgãos vitais, processos mentais e emocionais, todos podem ser afetados e equilibrados através de seu Chacra correspondente.

Energia, muitas vezes referida como força vital ou prana, percorre todo o corpo e passa através dos chacras, muito semelhante à maneira como o sangue é transportado através das veias. Usando esta mesma analogia, muitas das veias através das quais o sangue flui são muito pequenas, mas nós temos alguns canais maiores, artérias. Isso é o mesmo com os pontos de chacra. De acordo com os meditadores orientais, até 72 mil correntes de energia menores chamadas Nadis, foram encontradas passando pelos numerosos pontos de chacra.

Não é necessário se preocupar com essa quantidade de Nadi, porque cada um deles tem origem na corrente de energia central, a Sushuma, e isso é controlado usando os sete chacras principais. Ao adaptar e manter o fluxo do seu prana através desses sete pontos, todos os benefícios serão aplicados diretamente aos fluxos de energia menores. Mas por que você precisa disso?

Assim como suas principais artérias, seus principais pontos de chacra podem ficar entupidos e bloqueados, parando ou reduzindo o prana natural do corpo de fluir efetivamente. Isso leva a inúmeras repercussões na saúde, tanto físicas quanto mentais.

Emoções negativas podem ser responsáveis por causar muitos desses bloqueios. Aprender a gerenciar e corrigir o fluxo de energia limpando os bloqueios do chacra ajudará você a recuperar o equilíbrio natural das energias.

Familiarizar-se com a abertura e o fechamento de seus chacras pode ser feito ao longo do aprendizado da meditação e, uma vez dominados, uma limpeza de seus chacras pode ser realizada regularmente durante sua meditação diária.

Assim como aprender a acalmar sua mente para meditar de forma eficaz, a abertura e o fechamento de seus chacras exigirão um pouco de prática, mas ela fica mais fácil rapidamente e logo será algo que você estará experiente em fazer.

Nosso prana não está restrito ao nosso corpo interior. Seu ciclo através do nosso corpo incorpora a casca exterior do nosso ser. A energia da força vital flui e sai de seu circuito interno formando uma barreira ao nosso redor antes de retornar para dentro. Fornecendo nossos principais pontos de chacra livres de bloqueio, esta energia tem um fluxo contínuo. O prana externo é chamado de nossa aura.

Nosso campo de prana é composto de sete chacras principais, a Aura e três outras fontes; O corpo físico, o Hara e o Espírito.

O 'Corpo Físico' abrange todos os aspectos físicos do nosso eu, os tecidos moles, músculos, veias, sistema digestivo, sistema reprodutivo e pele, de fato, todo o físico do qual somos feitos, desde o maior órgão até a mais minúscula molécula.

A "Aura" pode ser vista pelo olho físico, embora nem todos sejam capazes de discerni-la. Ela é vista mais como uma neblina ou névoa ao redor de uma pessoa e é tingida de cor, mas, como com tudo, requer prática para vê-la. Ao aprender a se abrir para a energia universal, você pode começar a reconhecer as auras externas dos outros, mas esse reconhecimento não é, de modo algum, seu objetivo, simplesmente um bônus a ser acrescentado a uma mente e corpo calmos e conectados.

A aura é feita de uma fusão das energias que fluem através de seus sete principais pontos de chacra é um tipo de campo energético que envolve o corpo. Você já conheceu alguém e sentiu uma inquietação inexplicável sobre essa pessoa, ou entrou em uma sala e imediatamente experimentou uma emoção semelhante a alguém com quem você entrou em contato, mas não entende por que você também está triste, feliz ou agitado?

Isso ocorre porque sua aura é suscetível às emoções e pensamentos tanto de você quanto daqueles que estão ao seu redor. Talvez você não tenha experimentado isso, você pode pensar em um momento em que você está se divertindo, mas no fundo de sua mente você tem preocupações te aborrecendo, então alguém próximo a você pergunta aleatoriamente, tem algo errado? A aura deles captou a sua emoção, muitas vezes sem eles perceberem o que aconteceu.

Aprendendo a administrar seu prana interno, você também estará gerenciando sua aura.

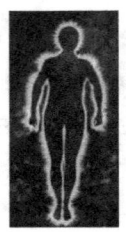

O "Hara" é uma porta de entrada para um nível muito mais profundo de energia que podemos utilizar para alcançar nossos objetivos. É à base da nossa força interior e é composta de pura e legitima energia. Não contém nenhum sinal de emoção ou condicionamento humano e, quando alcançamos um equilíbrio completo de nosso prana, podemos entrar e sair do Hara à vontade, tirando dele o que precisamos. Este ponto está localizado a cerca de dois centímetros abaixo do umbigo.

O uso das energias do Hara é bem conhecido, embora a maioria de nós não reconheça isso pelo que é. Quantas vezes você já viu uma performance de Karatê, ou alguma outra forma de arte marcial e se perguntou como é possível fazer isso sem sentir dor? Homens, mulheres e idosos frágeis que podem enfrentar um ataque de um combatente jovem, ágil e extremamente em forma, que deixaria muitos de nós fora do jogo por um bom tempo, mas permanecem imóveis, indiferentes e inabaláveis, como se nada os tocasse. Isto é porque eles estão utilizando a energia do Hara.

Assim como eles todos nós podemos chegar a um ponto em que também podemos alcançar este portal e aproveitar o poder bruto que está lá sempre que quisermos. É preciso muito foco e prática, pois a simples meditação por si só não permitirá que você atinja este nível, no entanto, a prática contínua enquanto medita sendo esse o seu objetivo, é definitivamente alcançável.

O espírito é a totalidade do seu eu espiritual. É o acúmulo de tudo o que você é e tudo o que você pode ser sem o corpo físico. O espírito é VOCÊ. Nosso corpo físico não é mais do que uma peça de roupa que devemos usar para nos permitir interagir com a vida em um nível físico, e o espírito é o que ainda seremos quando nosso corpo físico estiver desgastado. É o mais alto nível de nosso ser e, para despertá-lo plenamente, devemos nos conectar com ele. A conexão com o seu verdadeiro eu é a única maneira de você alcançar o Nirvana.

Isso pode parecer uma tarefa impossível. Estamos ligados a outros por restrições sociais e emoção, mas, na verdade, enquanto esses aspectos são uma parte necessária da vida, eles tendem a nos governar. Isso dificulta o reconhecimento de nossos verdadeiros seres interiores. Conectar-se com o seu espírito não significa que você tenha que desconsiderar essas regras e emoções; O espírito é, na sua forma mais básica, o AMOR PURO; amor de si mesmo e amor ao próximo, e abraçando isso significa que você é capaz de incorporar emoções e construções sociais em sua vida de tal forma que você também será fiel a si mesmo.

Os sete principais pontos do chacra são representados por uma determinada cor, juntamente com certos elementos físicos e emocionais ligados a ela. Para abrir e fechar seu chacra, você precisará entender as funções e a cor associadas a ele.

Os sete principais pontos de chacra

O chacra raiz – vermelho

Este é o primeiro dos seus principais pontos de chacra, é posicionado na área pélvica. Esta é a raiz da sua energia física e está ligada à sobrevivência humana. Ele fornece a estabilidade de que precisamos para manter todas as nossas funções físicas funcionando.
Este chacra é sobre todas as coisas ligadas à auto-preservação do nosso eu físico e trabalha para nos manter ancorados. Suas principais áreas de função são os rins, a coluna, a próstata, as glândulas suprarrenais (responsáveis pelos hormônios) e a bexiga.
Um chacra raiz bloqueado apresentará problemas com pensamentos e comportamentos agressivos, inquietação, desequilíbrio psicológico, dúvida, disfunções sexuais, raiva e problemas

psicológicos associados à alimentação. Esses problemas podem causar sintomas físicos, como impotência e hipertensão, além de ataques de pânico.

O chacra sacral, (chacra do ventre) – Laranja

O segundo dos seus chacras principais é localizado diretamente entre o umbigo e sua pélvis. Este chacra é todo sobre o prazer, da criatividade, energia sexual e reprodução física e governa as áreas físicas de nossas pernas e órgãos reprodutivos.
Seu prana flui para cima através do seu chacra raiz e para dentro e através do chacra sacral. Bloqueios encontrados neste ponto de energia se manifestarão como depressão, comportamento de dependência, vícios, falta de imaginação e

todas as coisas criativas e prazerosas, como apetite sexual e irracionalidade.

Um Sacral bloqueado também pode ser responsável por problemas reprodutivos como infertilidade e anormalidade nos ciclos menstruais, problemas renais e urinários, dores nas costas e problemas intestinais.

O chacra do Plexo Solar - Amarelo

O terceiro chacra localiza-se no umbigo e está relacionado ao nosso pâncreas, fígado, vesícula biliar e estômago. Também é responsável pelas funções mentais que governam nosso senso de quem somos e de nosso ego. Esse senso de autonomia governa o que reconhecemos de nosso verdadeiro eu, o que queremos o que precisamos e quanto controle temos sobre essas coisas.

Quando a energia é capaz de fluir livremente através deste ponto de chacra, obtemos um nível equilibrado de autoconfiança e um senso de controle sobre nossos pensamentos e ações.

Quando esse chacra está bloqueado ou entupido, nosso senso de quem somos se torna obscurecido. Ansiedade e dúvida sobre nossos pensamentos e ações se tornam a norma e tentativas de afirmar controle sobre os outros é uma necessidade crescente à medida que perdemos o controle e a crença de nós mesmos. Os planos são feitos sem qualquer clareza de pensamento e, em última análise, raramente se concretizam.

Um chacra do plexo solar bloqueado também é atribuído a problemas com peso e digestão, problemas respiratórios, problemas nos órgãos, dores nos nervos, úlceras e até diabetes.

O chacra cardíaco – verde

Localizado no centro do peito, o chacra cardíaco é a representação da compaixão, emoções, paz, harmonia, amor incondicional e equilíbrio. Este chacra é a porta para nossa conexão com o nosso espírito. Governa o sistema circulatório,ouseja, coração, timo, fígado e pulmões.

Um chacra cardíaco bloqueado apresenta-se com sentimentos de solidão, desconfiança daqueles que nos rodeiam, autocrítica, julgamento dos outros, sentimentos de ansiedade social e necessidade de isolar-se, física e mentalmente, da interação social.

Os efeitos físicos de ter um chacra cardíaco obstruído ou bloqueado são ataques de pânico ou ansiedade relacionados a situações sociais, problemas de circulação e problemas com o sistema respiratório.

O chacra laringeo – azul

Localizado na garganta, este chacra está relacionado a tudo que seja referente à autoexpressão, comunicação, honestidade e conhecimento. Este chacra também é o centro básico para a sabedoria e quanto mais próximo você chegar de alcançar o nível do Nirvana, maior será essa fonte de sabedoria. O chacra da laringe também está ligado à parte superior dos braços, pulmões, sistema digestivo e glândula tireoide, bem como à própria garganta.

Se o seu chacra laríngeo ficar bloqueado, você pode apresentar sintomas como dor de garganta, úlceras na boca, problemas de gengiva, laringite, dor de cabeça, dor no pescoço e problemas de tireoide.

Você também pode desenvolver problemas semelhantes aos de um chacra cardíaco bloqueado. Dificuldades com situações sociais são um problema comum para aqueles com bloqueios neste chacra, juntamente com uma dificuldade em comunicar seus pensamentos, comportamentos erráticos, um distanciamento crescente da vida em geral e especialmente das pessoas.

O chacra do terceiro olho – roxo

Este chacra é localizado no centro da testa, logo acima das sobrancelhas. Ele está ligado à nossa intuição, visão espiritual, despertar e nossa imaginação. O chacra do terceiro olho também é responsável pela glândula pituitária, orelhas, nariz, olho esquerdo, parte inferior do cérebro e coluna vertebral.

Quando totalmente aberto, esse chacra reduz as barreiras entre os mundos físico e espiritual.

Quando bloqueado este chacra apresenta sintomas relacionados à paranoia, pensamentos delirantes, ansiedade e depressão, juntamente com os sintomas físicos da dor ciática, problemas de sinusite, problemas de visão, enxaqueca e convulsões.

O chacra coronário – branco

O chacra do coronário é localizado perto da glândula pineal no topo (coroa) da cabeça. Este chacra é onde temos acesso total ao centro do nosso ser e, quando estamos energizados em equilíbrio, é onde podemos alcançar a sabedoria e alcançar a plena consciência espiritual de si mesmo. É responsável pelo nosso olho direito, o cérebro superior e a glândula pineal.
Quando este chacra estiver entupido ou bloqueado, os problemas de conexão com os outros, em todos os níveis, começarão a

se desenvolver. A solidão se torna uma emoção regular e uma desconexão com o eu é experimentada. O pensamento positivo torna-se difícil a incapacidade de fazer planos e pensamentos diretos está frequentemente ligada ao fluxo de energia através deste chacra.

Além das questões mentais e emocionais, muitas vezes há sintomas físicos que se manifestam como insônia, depressão, dores de cabeça, delírios, dor nos nervos e problemas neurológicos.

Como meditar

Existem vários componentes para meditar com sucesso, alguns são baseados no senso comum simples, enquanto outros precisam ser aprendidos, mas os fundamentos da meditação como um todo podem ser aprendidos em um curto espaço de tempo. Dominar a arte depois de ter aprendido o básico é onde você precisará de paciência, prática e um pouco de disciplina.

Antes de começar, você precisará decidir qual técnica de meditação você gostaria de fazer (diferentes técnicas são detalhadas no próximo capítulo), se você levar a sério a incorporação da meditação em sua vida regularmente, precisará elaborar rotina. Reserve um horário a cada dia entre 15 e 30 minutos e garanta que esse seja um período em que você não será perturbado. Este será o seu tempo para meditação.

Uma vez que você tenha mais experiência com a meditação, pode seguir essa rotina ou não, isso depende apenas do que funciona melhor para você. Muitas pessoas acham que as manhãs são o melhor momento para a meditação, pois as prepara para o dia, mas uma vez que você está acostumado a meditar, pode brincar com seus momentos e ver o que funciona para você.

Além disso, a quantidade de tempo que você gasta meditando é uma escolha pessoal. Para começar, decida o seu tempo e defina um temporizador. Você não precisa parar quando o timer se desligar, mas se você estiver com pouco tempo, esse limite predefinido ajudará você a relaxar. Relógio a vista e meditação não andam de mãos dadas.

Os passos para meditar são os seguintes:
1. Conforto
2. Ambiente
3. Respiração
4. Fundamentação
5. Abertura do chacra
6. Meditação
7. Fechamento do chacra

Conforto

Conforto pode soar como uma coisa óbvia ao realizar uma meditação, mas deve ser dada alguma consideração. Muitas pessoas não se sentem confortáveis em sentar-se na posição de lótus (pernas cruzadas) por mais de alguns minutos, então comece com que te deixa mais confortável.

Se você escolher a posição de lótus, consiga uma almofada confortável para se sentar. Um piso duro pode ser uma distração se você não estiver acostumado. Você também pode sentar em uma cadeira ou meu favorito, uma bola de exercícios, (mas você precisará de um bom equilíbrio se escolher essa opção). A meditação pode ser feita deitada, mas eu não aconselho isso, a menos que você possa garantir que você não vai dormir.

No entanto, se você escolher sentar-se, certifique-se de que é uma posição que você pode sentar confortavelmente por um período de tempo com a sua postura ereta. Mudar de posição enquanto medita irá quebrar seu foco e atrapalhar a calma que você criou dentro de sua mente e corpo.

Ambiente

Onde você medita é tão importante quanto o seu conforto. Teoricamente, a meditação pode ser feita em qualquer lugar, tanto em ambientes internos quanto externos. Quando você dominar a arte, descobrirá que pode se desconectar da maioria, ou de todos os ruídos e distrações ao seu redor, mas isso só acontecerá com muita prática.

Encontre um lugar calmo onde você não será perturbado por nenhum ruído ou interrupções. Aprender a meditar em uma sala cheia de pessoas não será bem-sucedido. Se você vive em uma casa com muitas pessoas, decida quando vai praticar e diga às pessoas à sua volta que não deve ser incomodado.

Garantir este período de isolamento pode ser difícil, mas com o tempo, as pessoas a sua volta aprendem quando você está meditando te deixa nesse momento. Se isso realmente não for possível em sua casa, encontre um lugar tranquilo fora do ambiente familiar. Existem muitos centros que oferecem locais tranquilos para meditar.

Respiração

A respiração meditativa não é o mesmo que a respiração normal. Sim, você ainda inspira e exala, mas é um exercício concentrado e controlado. Algo que você está consciente ao invés da simples respiração.
Comece fechando os olhos e relaxando o corpo. Controle a sua respiração. Agora, respire fundo e lentamente pelo nariz por uma contagem de três ou 4 segundos. Sinta a respiração quando ela entra no nariz e preenche os pulmões. Observe seu peito e / ou estômago se expandindo. Mantenha o foco em sua respiração; expire lentamente pela boca por 3 a 4 segundos. Sinta o ar deixando seu corpo e seus pulmões e peito / estômago esvaziando.
Continue a respirar desta maneira, e fique atento às respirações e mantenha sua mente focada em como você respira, excluindo tudo o mais. Enquanto você continua respirando, imagine que o ar que

você está inalando está cheio de energia positiva que você está atraindo profundamente dentro de você. A cada exalação você está despejando toda a sua negatividade com o ar enquanto expira.

Fundamentação

Uma vez que sua mente esteja calma, reconheça que você está conectado com a terra, que seus pés têm raízes que se estendem profundamente na terra. Com o tempo você irá fazer isso naturalmente, mas para começar você terá que visualizar mentalmente as raízes que vêm de seus pés no chão.
Agora se concentre nas raízes e imagine a energia surgindo através do solo, em suas raízes e inundando seu corpo. Comece com o pé direito e sinta a energia subir pelas solas dos pés e a se espalhar pela perna. Continue a puxar esta energia para cima e continue a espalhá-la pelo lado direito até ao topo da cabeça e, em seguida, desça pelo lado esquerdo.

Deixe a energia fluir de volta para o chão através das raízes do seu pé esquerdo antes de voltar a subir pelo seu lado direito. Deixe a energia fluir constante e continuamente pelo seu corpo.

Depois que você estiver fundamentado, firme estará pronto para abrir seus chacras.

Abrindo os pontos de chacra

Antes de começar, tente aprender as cores dos pontos de chacra e a ordem das cores de baixo para cima, isso ajudará a manter seu foco. Se você está lutando para lembrá-los, faça uma lista das cores para lembrar nas primeiras vezes até conhecer todos. A visualização é uma componente chavena abertura e no fechamento do chacra, então pratique com isso por um tempo antes de iniciar sua rotina de meditação. Como todas as coisas, pode demorar um pouco para pegar o jeito, mas não desanime todo mundo pode visualizar as coisas, basta ter um pouco de perseverança quando você começa a fazê-lo.

Comece a direcionar a energia que estará fluindo da terra através de seu corpo para o seu chacra raiz. Ao retornar ao solo através do pé esquerdo, redirecione a energia para dentro novamente, porém pela pélvis e não pelo pé direito.

Veja esta energia como uma corrente de luz branca pura. Agora se concentre no próprio chacra. Para visualizar o chacra, você precisará encontrar algo para associá-lo, isso pode afetar a energia que entra nele. Algumas pessoas imaginam uma lâmpada da cor do chacra, visualizando uma lâmpada que se ilumina,à medida que a energia flui para ela, outras a veem como um broto de flor que se abre, use qualquer símbolo que tenha uma forte conexão com você.

Proponho nesse livro usar uma lâmpada, já que esta é uma das formas mais simples.

Veja o chacra como uma lâmpada vermelha que não está conectada a nenhuma fonte de energia. Traga o fluxo de energia para dentro do bulbo e observe como ele se acende. (Isso pode levar um pouco de tempo até ter prática para fortalecer suas habilidades de visualização, mas uma vez que você tenha dominado você descobrirá que é extremamente fácil). Uma vez que a lâmpada esteja acesa, você abriu com sucesso o seu chacra da raiz.

Leve esta energia do chacra da raiz para o seu chacra sacral. Como antes, visualize a lâmpada, mas desta vez faça a lâmpada laranja. Direcione a energia subindo para este ponto de chacra, iluminando a lâmpada enquanto passa através dela.
Continue com esse fluxo de energia através dos chacras restantes, tomando cuidado para garantir que você use a

lâmpada da cor correta para corresponder ao ponto de chacra que você está abrindo. Termine com seu chacra coronário. Uma vez aberto, você precisará redirecionar o fluxo de energia para permitir que ele continue circulando em torno de seu corpo e através de seus pontos de chacra.

Uma vez que a energia tenha passado pelo seu chacra coronário, você pode escolher separar o fluxo em dois e permitir que ele flua de volta pelos lados direito e esquerdo, saindo pelos dois pés, subindo pela pélvis, formando uma rota curva e continua através do chacra e voltando através de seus pés, ou você pode enviar a energia através do topo de sua cabeça e para fora permitindo que ela desça em cascata ao redor de seu corpo externo e volte através da pélvis para dentro do chacra.

A escolha é inteiramente pessoal. Minha preferência é permitir que a energia saia pela minha cabeça, proporcionando uma barreira protetora contra as influências externas negativas enquanto eu estiver aberto e meditando, mas faça o que for mais confortável para você.

Limpeza do chacra

Se você quiser limpar o seu chacra e limpar todos os bloqueios que possam ter sido construídos, este é o momento ideal para fazer isso. No começo, você provavelmente não reconhecerá onde estão os bloqueios, mas, com o tempo, você se tornará sintonizado com seu corpo e será capaz de sentir onde a energia está lutando para fluir adequadamente.

Continue a visualizar o fluxo de energia onde está entrando em seu corpo logo abaixo do chacra da raiz. Agora imagine que há uma torneira na entrada do seu corpo. Esta torneira está aberta para permitir o fluxo de energia, mas nãototalmente aberta. Abra suavemente a torneira para que a energia possa fluir em um ritmo mais rápido. Abra a torneira completamente para que a energia entre em seu corpo mais rapidamente e force o

seu caminho através de seus pontos de chacra enquanto ela percorre seu corpo.
Ao liberar o limite do fluxo de energia, você está criando uma força altamente pressurizada de energia bruta que explodirá os bloqueios e os dispersará. Continue fazendo isso por dois ou três minutos antes de abrir a torneira. Deixe a torneira aberta, mas não totalmente, para que a energia possa se mover livremente ao redor do seu corpo em um ritmo suave e constante.

Meditação

Agora você já está sentado de uma forma confortável, focado em sua respiração, com seus chacras abertos, talvez já tenha limpado seus pontos de chacra, então agora você está pronto para meditar.
Escolha o estilo de meditação que deseja fazer (exemplos estão no capítulo seguinte), relaxe e aproveite.

Fechando os pontos de chacra

Fechar o seu chacra é extremamente importante quando você terminar de meditar. Você deve deixá-los superficialmente abertos para permitir que a continuação da energia flua sem restrições, mas certifique-se de fechar a torneira o suficiente para que ela deixe apenas um fluxo lento de fluxo até que você seja proficiente em controlar sua energia.

Se perder este passo importante, você estará se deixando livre para que sua energia seja drenada pelos outros ou, drenar a energia das pessoasao seu redor sem perceber.

Para fechar seus pontos de chacra, simplesmente inverta o processo que você usou ao abri-los. Comece no seu chacra coronário e vá descendo até o chacra da raiz.

Visualize a energia que flui para o chacra do coronário e, lentamente, diminua a luz. Não desligue completamente; deixe-o com um brilho suave e fraco. Agora, desça até o chacra do terceiro olho e diminua a intensidade dessa lâmpada. Continue até o seu chacra da raiz.

Quando seus chacras estiverem fechados, reserve um minuto para devolver calmamente sua respiração a um ritmo normal e constante.

Estilos de meditação

Embora os principais objetivos da meditação possam ter permanecido os mesmos ao longo dos séculos, à medida que o conhecimento da arte se espalhou pelo mundo oriental e se tornou mais amplamente praticado, algumas das técnicas de aplicação foram adaptadas às culturas ou religiões que as adotaram. Quando isso se espalhou pelo mundo ocidental, os estudos científicos sobre os benefícios da meditação tornaram-se abundante e seus princípios básicos foram adaptados para se encaixar em certos benefícios à medida que se tornava cada vez mais populares dentro da profissão médica.

Hoje em dia é praticado de forma tão ampla e, usando uma variedade de técnicas, com certeza se encaixa com o perfil de cada pessoa. Seja qual for a maneira que você escolher para meditar, o objetivo principal é o mesmo, alcançar um nível de calma, tranquilidade e equilíbrio entre a mente, o corpo e o universo. A única diferença é como vocêchega até esse o ponto de entrar e manter seu estado meditativo.

Neste capítulo, explicarei as diferentes maneiras pelas quais uma variedade de religiões usa a meditação e algumas das diferentes técnicas mais comumente usadas. Sinta-se à vontade para adaptá-los de acordo com sua preferência pessoal da forma que lhe agrade, seja literalmente técnica meditativa de sua escolha ou elementos de muitas técnicas para alcançar o mais alto nível de conforto para atender às suas necessidades específicas.

Técnicas de meditação

Vipassana

Vipassana é uma técnica tradicional que tem suas origens datam ao anoseisAC. Essa técnica se traduz como discernimento e clareza de pensamento e é baseado no foco de respiração.

Para praticar Vipassana, você precisará sentar-se em uma posição em que a coluna esteja ereta, mas sem apoio. A posição de lótus é o assento ideal para essa forma de meditação.

O objetivo da Vipassana é alcançar uma consciência completa do seu corpo espiritual e físico. Isso é feito focalizando sua mente em sua respiração e seu efeito em seu corpo. É sobre os sons, os cheiros, os sentidos e a sensação física e depois a desconsideração de todos eles.

A prática bem-sucedida dessa técnica envolve reconhecer todas as coisas, mas desassociá-las com o físico. Tudo é generalizado como um som, um movimento, uma dor, etc. Por exemplo, você pode estar meditando e alguém passa pela porta. Você ouvirá fisicamente os passos deles, mas em vez de reconhecer isso como os passos de uma pessoa caminhando, você desconsidera o som e o movimento sem nenhum título específico sobre o que é esse som ou movimento. Da mesma forma, você pode estar sofrendo de uma dor de estômago, isso se torna reconhecido como dor e não como uma dor de estômago.

O objetivo disto é remover toda e qualquer distração por generalização, em vez de reconhecimento de título, para permitir que você se concentre em nada e permita que sua mente o leve aonde quiser, sem que pensamentos ou preocupações conscientes causem distrações.

Essa é uma das técnicas mais difíceis de dominar, pois a mente, desde o nascimento, foi ensinada a reconhecer o que vê, ouve e sente. No entanto, vale a pena adicionar a prática e a disciplina necessárias. Retreinando a mente para focar somente no aqui e agora, você pode adaptar este treinamento em sua vida cotidiana, tornando-o muito mais focado em todas e quaisquer tarefas que você empreenda. Ele também irá aliviar o acúmulo de estresse em sua vida como seu foco está em uma coisa de cada vez para a exclusão de tudo o mais quando necessário.

Zazen (Zen)

A técnica de meditação zen vem da tradição dos budistas chineses. A palavra representa "meditação sentada" e, ao contrário de Vipassara, é focado diretamente na posição do assento enquanto se medita.
O zen budista tradicional adotou a posição de lótus enquanto praticavam suas meditações, colocando uma estrita aderência à postura, com a espinha sendo alinhada em linha reta da cabeça até a pélvis. Essa tradição também enfatiza o posicionamento da cabeça e da boca, sendo a boca sempre fechada e a cabeça reta virada pra frente.
Através dos tempos, a posição de lótus manteve sua posição primordial nesta técnica, mas a meditação Zen agora

também permite o uso de uma cadeira com encosto reto como uma ajuda para a postura.

Apesar da rigidez com que você é obrigado a sentar-se ao usar esta técnica, a própria meditação é surpreendentemente simples, concentrando-se unicamente na respiração. Ignorando tudo ao seu redor, você se concentra em seguir inalando e exalando sua respiração e nada mais. O objetivo é permitir que a mente acalme-se a um nível em que nada entre na sua consciência a não ser as respirações que você está tomando.

Shikantaza

Também com raízes firmes no budismo, Shikantaza é uma versão ligeiramente mais relaxada da técnica Zen. Ele se traduz como "sentado", nada mais.

A posição do assento é a mesma de uma meditação zen, mas, em vez de concentrar sua mente na respiração, simplesmente sente-se e permita que sua mente vagueie. Você está ciente de tudo o que está ao seu redor, tanto interna como externamente, mas não presta atenção. Não há pensamento consciente envolvido. Sua mente recebe rédea solta para se movimentar à vontade aonde quiser.

A dificuldade com isso nos primeiros estágios da prática é que muitas vezes você se verá conscientemente seguindo uma linha de pensamento. O objetivo é desconectar da mente consciente, onde você tem algum controle de seus pensamentos e, em vez disso, permitir que ele vá a qualquer direção que lhe agrade, enquanto não dá importância a nada que passe pela sua mente.

Mantra de Meditação

Uma grande variedade de religiões e culturas diferentes praticam uma forma de mantra na meditação e é talvez a técnica mais fácil de usar quando se inicia pela primeira vez.

Em vez de permitir que sua mente vagueie ou se concentre em suas respirações, em vez disso, você repete silenciosamente um mantra de sua escolha para manter sua mente focada.

O benefício disso é que enquanto sua consciência está focada em uma única palavra ou frase, seu subconsciente pode descansar e classificar qualquer coisa que precise de atenção sem ter a distração de sua mente consciente se intrometer e tentar organizá-la da maneira que tem sido ensinada a fazer.

Todos nós já ouvimos falar de "sentimentos viscerais" e "intuição", e a maioria de nós é capaz de reconhecer que, quando seguimos esses sentimentos, estamos sempre na direção certa. Esta informação vem do nosso subconsciente. Na vida diária, nossa mente consciente foi programada para fazer as coisas de uma determinada maneira ou reagir de uma maneira particular. Pior ainda é quando nossas emoções obscurecem nosso julgamento e direcionam o curso de nossas decisões conscientes.

Ao usar o mantra na meditação, você permite que seu subconsciente assuma e separe as coisas para você sem nenhuma direção equivocada da consciência ou das emoções. Ser guiado pelo nosso subconsciente, pelonosso espírito, é o objetivo em todas as formas de meditação, mas muitas vezes é difícil aquietar a mente consciente.

Ao entoar continuamente você está efetivamente colocando uma pausa na mente consciente e criando vibrações que podem te levar a níveis mais elevados de consciência.

Muitas tradições usam contas de oração para ajudar na meditação mantra, com cada conta representando um mantra completo. Essas contas podem ser na forma de uma longa sequencia de contas, como os monges budistas usam, com a corda sendo passada lentamente pelas mãos, à medida que cada repetição de um mantra é completada. Outras tradições, como os muçulmanos, usam uma única coleção de contas únicas que são coletadas de uma tigela e colocadas em uma segunda tigela quando o mantra é completado.

Tradicionalmente, a maioria das contas de oração totaliza 108. Acredita-se que isso esteja relacionado a algum significado espiritual, mas há muitas teorias sobre o motivo pelo qual 108 é um número espiritual. Infelizmente, eu nunca fui capaz de descobrir a verdadeira razão para esta escolha, pois há muitas especulações diferentes relacionadas a ela.

Um mantra é uma palavra ou frase muito simples que é repetida várias vezes. Abaixo estão alguns dos mantras tradicionais e alguns mais novos. Brinque com estes, mas fique à vontade para criar um mantra que seja pessoal para você. Algumas pessoas têm mantras diferentes que usam em momentos específicos, como um mantra para a cura, um mantra para a iluminação etc.

Exemplos de frases modernas para mantras
O amor é o único milagre que existe – Osho

Todos os dias, de todas as formas, estou ficando melhor e melhor - Laura Silva
Ser a mudança que desejo ver no mundo – Gandhi
Eu mudo meus pensamentos, eu mudo meu mundo

Exemplos de frases tradicionais para mantras
Eu sou o que sou - da Torá hebraica
Namo Amitabha - uma homenagem ao Buda da luz ilimitada
Sabbe Satta Dukkha Muccantu - (que todos os seres possam estar livres do sofrimento)

Consciência plena

A consciênciaplena é uma adaptação das meditações tradicionais budistas, e baseia-se no foco da respiração. Seu objetivo é ajudar a focar naquele único momento, não no passado, não no futuro, somente ali mesmo.
Assim como acontece com outras formas de meditação, não há necessidade de

pensamento consciente, concentre-se apenas efeitos de sua respiração em seu corpo naquela hora. Reconheça o quão quente ou frio seu corpo está, mas como se estivesse fora dele, sinta seus pulmões inflando, mas não pense nisso, apenas aceite como se sente. Esteja ciente de qualquer ruído ao seu redor e reconheça-o sem pensar sobre o que é e por quê.

Desta forma, a consciênciaplena permite que você treine sua mente para estar ciente e alerta para tudo o que está acontecendo ao seu redor. Por causa do foco em sua respiração, você pode transferir essa consciência para a vida cotidiana, percebendo tudo, mas dando atenção apenas àquelas coisas que realmente necessitam dela.

Você começará a notar pequenos detalhes sobre pessoas que você conhece há anos, todas as coisas que sempre foram óbvias, mas nenhuma atenção foi dada. Você vai parar de ouvir o que as pessoas dizem para você e começar a ouvir o que elas estão dizendo e a maneira como elas dizem isso. Você começará a se tornar consciente da vida selvagem que tem estado ao seu redor diariamente, mas que você nunca notou.

Isso pode parecer muito par a ser absorvido, mas, devido à capacidade de concentrar sua mente, você simplesmente absorverá essa informação em vez de permitir que sua mente consciente fique confusa com ela.

Exercícios práticos de meditação

Estes exercícios são projetados para ajudar a se tornar consciente de corpo e mente e ajudar a aprender a arte da meditação para melhorar sua vida.

Raramente a meditação será eficaz quando praticada no começo. Você deve aprender a reconhecer o modo como respira como se sente e como se concentrar a um nível em que possa voltar sua mente para seu interior e apenas ficar calmo e sereno.

Desde o dia em que nascemos nos dizem como pensar, julgar, comportar-se e até mesmo como pensar. Somos ensinados a ser atenciosos com os outros em todas as coisas e dar nosso tempo e energia livremente às pessoas com as quais nos importamos e às pessoas necessitadas.

Meditação é sobre desligar todo o resto e se concentrar apenas em você. Não permanentemente, é claro, apenas pelo tempo que você está meditando. Trata-se de tomar esse curto período de tempo para deixar a mente, o corpo e o espírito equilibrados, para que possamos ser fiéis ao que somos enquanto continuamos a ser um membro atencioso, responsável e eficaz da sociedade.

Ganhar e manter este nível de foco sem se distrair não é algo que você será capaz de alcançar instantaneamente, e é importante que você esteja ciente disso antes de começar. Tornar-se irritado consigo mesmo porque você é incapaz de manter um foco fixo é inútil, quando você encontra sua mente vagando no pensamento consciente, e reconhece isso, focalize em sua respiração e continue. Isso requer prática, mas em pouco tempo você descobrirá que as distrações se tornam mais distantes e em breve você será capaz de manter o foco necessário para a meditação de uma forma benéfica que fornecerá resultados.

Visualização

As meditações de visualização são uma ótima maneira de relaxar e se afastar da sua vida por um curto período de tempo. Elas são baseadas em sua imaginação e subconsciente trabalhando em harmonia um com o outro. O objetivo deste exercício é ajudar a treinar sua mente para permitir que sua imaginação domine livremente. Seu subconsciente vai trabalhar com ela e fornecer uma visão e sugestão que irá ajudar no seu dia-a-dia.
Quando você se torna adepto da visualização, pode dar um passo além e incorporá-lo em suas meditações para te ajudar a lidar com quaisquer questões atuais.
Entre em um estado meditativo básico. Uma vez que seus chacras estejam abertos, imagine-se em algum lugar que

você se sinta seguro, isso pode ser em qualquer lugar que você gosta, ao lado de um rio, à beira-mar, em uma cabana nas montanhas etc.

Observe onde você está e o que está fazendo. Você está dentro de casa ou ao ar livre? Você está com frio ou calor? Como são seus arredores? Explorar; andar por aí; olha o que está lá. Tente não pensar sobre o que você está vendo ou o que você acredita que deveria estar vendo (isso pode exigir alguma prática).

O ponto de visualização da meditação é permitir que seu subconsciente forneça respostas ou dicas sobre as coisas que estão acontecendo em sua vida cotidiana, para que você seja capaz de lidar com essas questões sem a ansiedade que nossa mente consciente fornece.

Quando você sentir que passou o tempo suficiente em sua visualização, leve sua mente lentamente ao seu ambiente físico. Gaste um minuto ou dois para se concentrar na sua respiração, feche os chacras e saia da meditação.

Autoconhecimento emocional

Esta prática é para ajudar a aprender sobre seu corpo e realmente conhecer seu eu físico. Isso será útil para reconhecer quaisquer dificuldadesantes que elas se tornem um problema, para que você possa ajudar na cura com a limpeza dos chacras.

Entre em seu estado meditativo e concentre-se em sua respiração. Escute-a. É alta ou suave? Rápida ou devagar? É pesada ou leve? Como a sua respiração se sente dentro do seu corpo? Ela está fazendo com que seu peito ou estômago subam? Ela está fazendo o seu peito apertar ou você está relaxado? Reconheça qualquer desconforto causado pela sua respiração e regule-a para se sentir confortável.

Em seguida, concentre-se em suas respostas emocionais. Você está tenso, ansioso, relaxado, feliz, etc. Reconheça a emoção e veja se consegue se tornar consciente de qualquer sentimento físico que ela esteja causando. Há algum formigamento, tontura, aperto de músculos etc? Depois de reconhecer as emoções que você está sentindo e seus efeitos físicos, pense conscientemente em algo que o deixou com raiva, agora volte a olhar para dentro e observe quaisquer mudanças na reação física e na respiração. Mova-se através de diferentes emoções e conscientize-se de como elas o afetam.

Talvez você possa querer fazer isso ao longo de várias práticas para evitar passar por uma montanha russa emocional.

Antes de se concentrar em uma emoção diferente, passe algum tempo ajustando sua respiração para trazê-lo de volta a um estado calmo, mental e fisicamente.

Com o tempo, você descobrirá que, na vida cotidiana, você será capaz de ganhar controle sobre seu estado emocional e funcionar de forma aprimorada, sem ser sobrecarregado por quaisquer reações negativas.

Quando terminar, volte a um padrão de respiração calmo e constante, feche os chacras e saia da meditação.

Pratica geral

Passe algum tempo praticando os diferentes tipos de meditação, experimente o mantra, o Zen e quaisquer outros que o atraiam, para que você possa descobrir que forma de meditação funciona melhor para você.

Tenha em mente que, mesmo que você ainda não tenha realizado técnicas meditativas, toda prática lhe trará benefícios. No início, eles podem ser pequenos e quase imperceptíveis para o seu eu consciente, mas eles estarão lá.

Conclusão

Obrigado por baixar este livro e espero que você tenha gostado de ler tanto quanto eu gostei de escrever.

Acredito que você tenha adquirido conhecimento suficiente dos benefícios da meditação e como praticá-la para poder incorporá-la com sucesso à sua vida de maneira positiva.

A história e as informações gerais que incluímos foram elaboradas para fornecer uma compreensão completa das tradições associadas às técnicas de meditação e às origens dessa prática surpreendente e terapêutica.

Depois de ter passado algum tempo meditando, estou confiante de que você vai querer passar seus conhecimentos para seus amigos, familiares e colegas de trabalho para que eles também possam experimentar os benefícios de uma mente calma e equilibrada. Por que não gastar algum tempo fazendo meditações em grupo? Esta não é apenas uma ótima maneira de se unir e se conectar com os outros, mas enriquece suas experiências de conexão com as energias universais ao seu redor.

Parte 2

Introdução

Você está se sentindo estressado? Você já sentiu que sua vida é como andar numa montanha-russa com seus altos e baixos? Emocionalmente, fisicamente, mentalmente, a vida moderna pode ser totalmente desgastante e exaustiva. Mas a meditação pode ser a chave para melhorar tudo isso. A meditação tem muitos benefícios surpreendentes que podem ajudá-lo a alcançar:

- Menos estresse
- Mais felicidade
- Melhores relacionamentos
- Mais criatividade
- Melhor produtividade
- Maior longevidade
- Sono melhorado
- Menos dor
- Uma aparência mais jovem

Se você quiser aprender mais, então ler este guia irá ajudá-lo em seu caminho.

A meditação tem sido descrita como uma "pílula mágica" necessária para sobreviver no mundo moderno. Apesar de ser praticado no Oriente por milhares de anos, ele só ganhou popularidade no Ocidente nos últimos duzentos anos. Mas sua popularidade está crescendo, à medida que mais dos tremendos estão sendo descobertos.

Neste guia, veremos:
- A origem da meditação
- Os diferentes tipos de meditação
- Como a meditação é praticada
- Como a meditação nos beneficia emocionalmente, fisicamente e mentalmente

Deixe sua jornada de meditação começar!

Capítulo 1.
A história da meditação

Antes da Era Comum (AEC/a.C)
A meditação existe há milhares de anos. Exatidão de quando começou é desconhecida. Arqueólogos descobriram artefatos que apoiam evidências de outros estudiosos para sugerir que era praticada, de uma forma ou de outra, por cerca de 5.000 anos. Suas origens foram sempre baseadas em práticas religiosas. Mas hoje, no Ocidente, muitas pessoas que praticam a meditação não têm real interesse em suas conotações religiosas, mas puramente em sua capacidade de melhorar significativamente o seu bem-estar.
1.500 a.C. Os primeiros registros para documentar a meditação foram encontrados na Índia e originados da religião hindu. Eles são dos ensinamentos de "Os Vedas".
600 a 500 a.C A meditação budista começou na China e na Índia. As origens exatas das meditações budistas são

desconhecidas, mas acredita-se que ligam de volta aos Sutras do Cânone Pali.
400 aC a 100 a.c. A filosofia do yoga, meditação e espiritualidade chamada de "BhagavadGita", e o esboço dos oito membros da ioga, registrados no Yoga Sutras de Patanjali, foram escritos.
Por volta de 20 a.C, a oeste, Filo de Alexandria escrevera a meditação como exercícios de concentração.

Era Comum (EC/D.c)
2 d.C. Plotinus desenvolveu uma técnica meditativa formada.
5 d.C. O conceito inicial do Zen veio para a China central a partir de Bodhidharma e a primeira escola original foi fundada no leste da Ásia por Zhivi.
6 d.C. O budismo foi promovido na Coréia por Wonhyo e Uisang.
Práticas meditativas são vistas também no judaísmo. Na Torá, diz-se que Isaque "lasuach" no campo. Acredita-se que isso seja uma forma de prática meditativa. Há outras referências em toda a Bíblia hebraica que o judaísmo tem tradições

meditativas centrais para seus ensinamentos.

7 d.C. O budismo japonês cresceu e as práticas meditativas se desenvolveram.

600 d.C Dosho, um monge japonês, aprendeu sobre o Zen enquanto visitava a China em 653 EC. Quando ele chegou no Japão, ele abriu a primeira sala de meditação em Nara.

1000 a 1100 d.C. Na religião islâmica, a lembrança de Deus é conhecida como "Dhikr" e incorporada nas técnicas de meditação. Técnicas meditativas específicas são encontradas na prática do Sufismo, que surgiu nos séculos XI e XII. Isso inclui a repetição de palavras sagradas e controle da respiração.

1200 d.C. Zazen, uma forma de meditação usada pelos monges japoneses. O conceito chegou da China quando o monge japonês Dogen voltou de uma visita lá.

Na Idade Média, a meditação judaica cresceu e mudou. A prática havia se desenvolvido e agora incluía abordagens meditativas de oração e estudo.

Na religião cristã oriental, uma postura específica e a repetição de uma frase estão frequentemente envolvidas na meditação. Entre os séculos X e XIV, no período bizantino, foi criada a tradição do Hesicasmo. É um método de meditação que requer olhar para dentro e parar de registrar os sentidos.

Em contraste, a meditação cristã ocidental não envolve qualquer postura especial ou repetição de frases. É uma progressão da leitura divina chamada "Lectio Divina" e foi lida entre os monges beneditinos no século VI. No século XII, um monge chamado Guigo II definiu um processo meditativo baseado em uma "escada" de quatro degraus: Ler, ponderar, orar e contemplar. Foi desenvolvido ainda por santos no século XVI, Inácio de Loyola e Teresa de Avilain.

No século XVIII, as traduções dos antigos ensinamentos do budismo foram desembarcadas pela primeira vez na costa ocidental. Na década de 1890, novas escolas de yoga foram desenvolvidas por gurus como Vivekananda.

Siddhartha, que conta a história da jornada espiritual de Buda, foi publicado por Hermann Hesse em 1922.

Em 1927, o Livro dos Mortos, um famoso livro tibetano sobre o budismo, foi publicado. Isso atraiu os ocidentais para os ensinamentos do budismo.

A meditação do Insight chamada Vipassana começou na Birmânia na década de 1950.

Um livro chamado "The DharmaBums" de Jack Kerouac foi publicado pela primeira vez em 1958. Ele atraiu muito interesse e despertou a curiosidade sobre a meditação.

Novos tipos de meditação começaram a aparecer na década de 1960, incluindo a Meditação Transcendental (MT).

O mundo da medicina começou a se interessar pelos efeitos da meditação e da atenção plena quando o Centro de Mindfulness foi aberto pelo Dr. Jon Kabat-Zinn em 1979. Ele então iniciou o Programa de Redução de Stress na Universidade de Massachusetts. Tratou pacientes com doença crônica.

O Chopra Center para bem estar foi fundado pelo Dr. Deepak Chopra e Dr. David Simon em 1996.

Em 1997, um livro intitulado O Poder do Agora: Um Guia para o Esclarecimento Espiritual foi publicado por EckhartTolle. Introduziu a consciência do momento presente e sintonizou seu eu mais profundo através da meditação.

O livro de Deepak Chopra, "Cumprimento Espontâneo do Desejo", foi publicado em 2003. Ele destaca o uso da meditação para focar nos desejos de alguém e a maneira de se conectar a infinitas possibilidades que existem em tudo ao nosso redor.

O Centro Nacional de Medicina Complementar e Alternativa publicou um estudo em 2007. Afirmando que 9,4% dos americanos meditaram.

Em 2012, a meditação estava se tornando convencional. Havia agora grupos, professores, clínicas, estúdios, encontros sociais, retiros e centros espirituais focados em meditação, muitas vezes em combinação com ioga, em toda a América e no mundo ocidental em geral.

Em 8 de agosto de 2014, mais de 100.000 pessoas de todo o mundo se reuniram para participar da maior reunião de meditação da história. Foi feito para meditar pela paz.

Capítulo 2.
Os benefícios psicológicos da Meditação

Estresse
É justo dizer que o estresse é uma epidemia no mundo moderno. A meditação demonstrou ter um efeito significativo na redução do estresse. Ajuda-nos a concentrar-nos em estar presentes, levando-nos a um estado de relaxamento profundo. Estimula as substâncias químicas dentro do nosso cérebro, responsáveis por nos sentirmos felizes e energizados. Também reduz o tamanho físico das partes do nosso cérebro que são responsáveis por nos fazer sentir ansiosos e com medo.

Neurogênese
Pouco antes do nascimento, os humanos têm em torno de um trilhão de neurônios em seus cérebros. Infelizmente, na idade adulta, esse número está mais próximo de 100 bilhões, uma queda significativa. À medida que envelhece, o número continua a diminuir. Isso é normal e acredita-se que seja irreversível. No entanto, um estudo

publicado na revista Nature Medicine, em 1998, mudou esse pensamento. Verificou-se que o cérebro é capaz de regenerar neurônios. Assim como alguém que não faz nada para se manter saudável e em forma, encontra seu corpo tornando-se gordo, fraco e doente, o cérebro é o mesmo. Para mantê-lo em forma, forte e saudável, precisa ser exercitado.Aprender um idioma, criar arte, fazer quebra-cabeças mentais e tudo mais pode ajudar a gerar novos neurônios saudáveis, mas de longe o campeão, como gerar novos neurônios novos, é a meditação.

A meditação não apenas equilibra os dois hemisférios do cérebro, mas também o torna mais forte, mais saudável e ajuda a reconectar-se de uma forma que permite que sua capacidade de pensar mais alto seja dramaticamente melhorada.

Tudo isso pode ter um profundo efeito nos aspectos psicológicos de como o cérebro funciona. Melhora a memória, QI, atenção e processamento de pensamentos, reduzindo a atividade associada ao medo, ansiedade, depressão e raiva.

Com a meditação contínua, todo o seu sistema nervoso é rapidamente religado, organizando-se ao nível ideal ao longo de todo o corpo.

Distúrbios da Mente

Vício. Você tem algum mau hábito? Você costuma roer as unhas, fuma ou bebe demais, ou tem dependência de drogas prescritas ou ilegais? Estes são todos indicadores de que algo não está certo com a maneira como o cérebro está funcionando.

A meditação pode ajudá-lo a entender as razões por trás do seu comportamento e parar de justificar as razões para não mudar. Isso ajudará você a ver os benefícios de sua vida se esses comportamentos não o controlarem.

Um estudo sobre bebedores sociais, mostrou que a meditação e outras técnicas estruturadas de relaxamento resultaram em uma redução significativa de sua ingestão de álcool.

Estudos semelhantes com tabagismo e uso de drogas mostraram o mesmo tipo de resultados. Em um estudo, prisioneiros que eram viciados em drogas receberam um curso intensivo de meditação durante um período de 12 semanas. Eles meditaram por 30 minutos duas vezes por dia. Os resultados disso não apenas melhoraram o estado mental dos prisioneiros, mas também permitiram que abandonassem seus hábitos de drogas melhor do que qualquer outro programa de reabilitação que tivesse sido tentado.

Fobias. Muitas vezes, quando as pessoas têm medo de algo, dizem que têm fobia. A verdade é que uma verdadeira fobia é um distúrbio psicológico grave e complexo. Isso não só tem um efeito negativo na vida cotidiana da pessoa, mas pode levá-la a ter respostas irracionais e até mesmo respostas perigosas. Todos os transtornos de pânico são impulsionados pela luta ou instinto de fuga dentro da parte subconsciente primitiva do nosso cérebro. Usar a meditação realmente encolhe e rompe muitas das conexões com essa parte do nosso cérebro, o que alivia nossa resposta ao medo e pode, com o tempo, ajudar os sofredores de fobia a se recuperarem.

Transtorno Obsessivo-Compulsivo (TOC). Para alguém que sofre de TOC, os pensamentos intrusivos contínuos que os levam a agir de maneira que aos outros pareceirracional ou excessivo, para os não-portadores, é um desafio diário. De salientar sobre os germes na alça do carrinho de compras, para um obcecado por evitar as rachaduras nas calçadas... Pode assumir muitas formas e se tornar uma barragem sem fim de pensamentos que roubam o sofredor da liberdade.

Nossos cérebros têm, para uma pessoa comum, cerca de 70.000 pensamentos por dia. Para alguém que sofre com TOC, esse número pode ser muito maior. O número apresentado pela Associação Americana de Psicologia foi "vários."

Isso é resultado da sobrecarga da mente consciente e também da ansiedade e da depressão.

Meditação permite maior acesso à sua mente subconsciente. Ele interrompe o comportamento compulsivo e permite que sua mente volte a focar em outras coisas. Promove a criatividade e melhora o sono, reduzindo o estresse, ansiedade e depressão.

Distúrbios alimentares. Transtornos alimentares podem ser extremamente difíceis de superar. Mas a meditação foi vista como proporcionador de grandes benefícios. Ele pode ajudar quem sofre da doença, a concentrar seus pensamentos em coisas mais produtivas, liberar a tensão auxiliando no relaxamento, promovendo um sentimento de autoconfiança e diminuindo os impulsos. Isso ajuda você a aprender que uma vida feliz e saudável é atingível. Mais importante, ensina como amar você por quem você é. Isto é, conseguido principalmente de mudanças no equilíbrio químico no cérebro.

Outras doenças psicológicas também se beneficiam da prática regular de meditação, incluindo Depressão, Demência, Alzheimer, TDAH e DDA e Transtorno Bipolar.

Capítulo 3.
Os benefícios emocionais da meditação

Felicidade

Os cientistas do cérebro concluíram que, quanto mais meditação você faz, mais feliz você se torna. A Dra. Sara Lazar, uma neurocientista de Harvard, realizou um estudo em 2005, no qual descobriu que a meditação regular aumenta a atividade neural no córtex pré-frontal. Esta é a nossa "região feliz do cérebro." O Dr. Lazar concluiu que, quanto mais anos a pessoa pratica a meditação, maior essa parte do cérebro se torna.

O próprio fato de que a meditação também alivia o estresse e nos dá uma sensação geral de bem-estar também deve ser um fator que contribui para nosso sentimento geral de felicidade.

Estabilidade emocional

Não é novidade para nós que o estresse desempenha um importante fator de contribuição para a doença, tanto mental quanto física. Inúmeros estudos demonstraram que isso é verdade. Neste mundo acelerado, o estresse é difícil de evitar.Quase tudo o que fazemos causa estresse, desde a comida que comemos até os dias agitados. Há tantas expectativas diversas colocadas sobre nós, que evitar o estresse parece um sonho inatingível. Isso tem um efeito devastador nas nossas emoções. Nós facilmente nos tornamos sobrecarregados e achamos difícil de lidar. Mas a ciência provou que a meditação regular leva a mente a um estado de relaxamento profundo e nos dá todas as ferramentas que precisamos para lidar com o estresse.

A meditação libera os hormônios que nosso cérebro requer para elevar nossas emoções e interrompe as substâncias químicas que nos tornam emocionalmente instáveis. Isso nos ajuda a nos tornar mais equilibrados, controlados e emocionalmente estáveis.

Timidez

Algumas pessoas são naturalmente tímidas. Ser introvertido pode ter um efeito negativo em sua vida. Pode levar a dificuldades na formação de relacionamentos, conseguir emprego e fazer amigos. Da mesma forma que a meditação libera substâncias químicas cerebrais que ajudam nosso estado emocional, essas mesmas substâncias químicas podem nos ajudar também a superar a timidez.A meditação nos ajuda a nos sentirmos empoderados. Ele constrói partes específicas do nosso cérebro que são responsáveis por nossas emoções e felicidade geral. Também nos ajuda a controlar nosso subconsciente, bem como nossos medos conscientes, que é a causa subjacente da timidez.

Relacionamentos mais fortes
Ganhar o controle de suas preocupações e medos nos faz sentir mais felizes, emocionalmente estáveis, aumenta a confiança e autoestima. Se você vive sua vida cheia de medo, insegurança, ansiedade e infelicidade, então não é de admirar que os relacionamentos sofram.

Pesquisas conduzidas em casais mostraram que a meditação tem um efeito quase imediato na melhoria dos relacionamentos. Se praticado a longo prazo, todos os aspectos dos relacionamentos melhoram. Formar vínculos mais fortes não apenas com parceiros, mas também com outros membros da família, amigos, colegas de trabalho, etc.Melhora nossa tolerância aos outros, nossa capacidade de empatia e perdoar. Mas, mais importante, nos ajuda a compreender a nós mesmos e a ser mais apreciadores das pessoas em nossas vidas.

Reduz estresse e ansiedade

Diminuição do estresse é provavelmente um dos benefícios mais importantes e excitantes da meditação. Nossos cérebros foram comparados ao de um macaco totalmente louco e bêbado. Um macaco que foi picado por um escorpião. Você quer que o macaco louco controle sua vida? Talvez a analogia seja um pouco extrema, mas tenho certeza de que você entendeu a ideia. A razão dessa analogia é que nossas mentes estão mais estimuladas. Ela trabalha de maneira primitiva, caótica e desorganizada. Assim como os macacos.

Por que nossos processos de pensamento são tão caóticos? Por que ficamos tão estressados, tão ansiosos? Tem muito a ver com nossos instintos de sobrevivência.Não faz muito tempo, confiamos em nosso cérebro para nos mantermos vivos, quando confrontados com uma situação de vida e de morte.Eu estou falando de leões e tigres e ursos.Os predadores já foram uma séria ameaça, assim como outros humanos nos atacaram por território, comida ou outra coisa de valor. Nesses casos, nosso instinto primordial de sobrevivência era essencial e iniciado para produzir nossa resposta de "lutar ou fugir". Ou nós lutamos contra nossos inimigos ou fugimos.

Quando essa resposta é acionada, as respostas químicas também são:

• Adrenalina, isso nos ajuda a focar nossa mente e nos dá um enorme impulso de energia. Está preparando nosso corpo para lutar ou fugir. Também eleva nossa frequência cardíaca e respiração e pode nos fazer suar.

• A noradrenalina atua mais como a adrenalina, na medida em que também prepara os músculos para responder à

situação. Também ajuda com o redirecionamento do sangue para o coração, pulmões e músculos para garantir que eles estejam prontos para responder. No caso, é como o sistema de back-up das adrenalinas.
- O cortisol, o hormônio do estresse, também é liberado. Não é imediato como adrenalina e norepinefrina; leva alguns minutos até que o cortisol inunde nosso sistema. É responsável por regular certas funções do corpo, como equilíbrio de fluidos e pressão arterial, quando estamos sob ataque.O problema com o cortisol é que quanto mais permanecemos estressados, mesmo em níveis relativamente baixos, ele é continuamente liberado. Isso pode levar a níveis cronicamente altos que produzem problemas de saúde. Ela afeta nosso sistema imunológico, pressão arterial, níveis de açúcar e muito mais.

A realidade é que, na maior parte, não precisamos mais fugir de leões, tigres e ursos. Mas nosso corpo é ameaçado por novos inimigos que são vistos exatamente da mesma maneira. Os problemas da vida cotidiana que nos fazem preocupar, dinheiro, trabalho, relacionamentos, todos nos causam estresse que cria a mesma luta das respostas de fuga da parte primitiva de nosso cérebro.

Esta parte do nosso cérebro é chamada amígdala. Exames de ressonância magnética mostraram que a amígdala realmente mostra uma redução significativa do tamanho com a meditação regular.Mostrou também que as conexões entre a amígdala e outras partes do cérebro estavam enfraquecidas e as áreas do cérebro que estão associadas a pensamentos conscientes e foco mais elevados aumentaram em tamanho e força.

O número médio estimado de pensamentos que um humano tem por dia é de cerca de 70.000. Isso significa que poderíamos ter um novo pensamento negativo a cada segundo. Não é de se admirar que nossas mentes fiquem sobrecarregadas. Felizmente, a meditação também aumenta nossos hormônios e substâncias químicas GABA, serotonina, dopamina e endorfinas. Tudo isso leva a nossa racionalidade sendo melhorada e acalmando nossa mente caótica de macaco.

A meditação o impede de reviver os problemas de ontem e de ensaiar os possíveis problemas de amanhã. Em vez disso, concentra sua mente no aqui e agora.Isso permite que você realmente viva cada momento e faça de cada momento o seu melhor momento.

Controle da raiva
Primeiro de tudo, o que causa raiva? Geralmente, ocorre quando nos sentimos fora de controle. É o mesmo que culpou nossa luta primitiva ou fuga do cérebro, assumindo nosso pensamento racional.

A meditação permite que nosso cérebro primitivo inconsciente pare de ser tão reativo às situações. Ele permite que nosso cérebro de pensamento mais elevado encontre uma solução melhor para o problema que não inclua gritaria e comportamentos agressivos.

Veja este exemplo. O barco em que você se encontra dentro está afundando. Duas pessoas estão tentando assumir o controle da situação, mas quem você seguiria? Aquela que está gritando e gritando e sendo agressiva com outras pessoas? Ou aquela que está sendo calma e organizada e sugerindo ideias estratégicas inteligentes para ajudar a situação? A pessoa que está calma e organizada terá exatamente a mesma adrenalina, norepinefrina e cortisol correndo em suas veias e estimulando seu cérebro como a pessoa que está gritando e gritando. A diferença é que a pessoa que é calma e organizada está usando seu cérebro de pensamento superior, não o do macaco primal, luta ou fuga.

Algumas pessoas usam a raiva como arma para depreciar e intimidar os outros. Você pode muito bem ter se deparado com essas pessoas. Eles são frequentemente indivíduos altamente inseguros ou aqueles com ilusões de importância ou depoder.

Outros parecem zangados com a vida o tempo todo. Estes são auto sabotadores. Eles ignoram as oportunidades para melhorar suas vidas. Eles permitem que sua voz interior os persuada de que nada é certo ou bom o suficiente. Eles não ouvem a razão, odeiam ouvir que estão errados ou que estão cometendo um erro.

Toda essa negatividade baseada no medo pode ser rapidamente mudada através da meditação. Em vez de ser reativo, o cérebro se torna proativo. Em vez de ter uma mentalidade estreita, o quadro geral fica claro. Sentimentos de desamparo e inadequação são transformados e substituídos por autoconfiança e convicção em si próprio. O cérebro do pensamento superior é ativado e a mente se torna um pensamento calmo, racional e claro.

Capítulo 4.
Os benefícios físicos da meditação

Aqui vamos olhar para alguns dos benefícios físicos em detalhes e por que as reivindicações estão sendo feitas.

Longevidade

Se você prestar atenção à mídia, então você pode estar ciente do antioxidante natural chamado resveratrol. Muitos trabalhos de pesquisa acadêmica foram realizados sobre o resveratrol, mais de 220.000 na verdade. O que esta pesquisa mostra, é o quão bom é o resveratrol no antienvelhecimento. Tem sido demonstrado que melhora a nossa memória, inibe o câncer e as doenças vasculares, previne a doença de Alzheimer e a demência, diminui o colesterol e repara os danos causados pelos radicais livres.Resumindo, é uma espécie de milagre.

Ele atinge suas impressionantes propriedades de prevenção da idade, agindo de duas maneiras. Em primeiro lugar, como um poderoso antioxidante e, em segundo lugar, ativando proteínas gênicas específicas chamadas "sirtuínas". Tão poderosas são as propriedades das sirtuínas, que elas têm sido pesquisadas pesadamente por empresas farmacêuticas que tentam isolar suas propriedades antienvelhecimento, especificamente a SIRT1, já que se demonstrou que ela aumenta as taxas de sobrevivência das células.Infelizmente para as empresas farmacêuticas, o engarrafamento provou ser extremamente difícil.

A boa notícia é que você pode ativar suas sirtuínas de maneiras melhores do que derrubar um punhado de pílulas caras. Beber vinho tinto é um caminho, mas é muito mais emocionante praticar a meditação.De fato, a meditação pode aumentar sua SIRT1 em 52%, como mostrado em um estudo realizado em 2017. Durante um período de 12 semanas, seis meditadores foram avaliados quanto a biomarcadoresmetabotrópicos específicos de envelhecimento celular. Descobriu-se que os níveis de sirtuínas 1 foram significativamente aumentados em 52%. Então, se você quer uma meditação de longa duração parece ser uma maneira de ajudá-lo a alcançá-la.

O resveratrol e sirtuínas que eles ativam não são o fim da história quando se trata de meditação e longevidade. Outro importante antienvelhecimento químico - óxido nítrico essencial para a função saudável do nosso sistema imunológico, cérebro, pulmões, fígado, pâncreas e artérias. É significativamente impulsionado pela meditação regular. Regula a pressão sanguínea, é uma bactéria que elimina os antioxidantes, retransmite informações entre nossos nervos e células, dilata os vasos sanguíneos, ativa a ereção masculina e muito mais.

Anteriormente pensava-se que a melhor maneira de promover um aumento significativo nos níveis de óxido nítrico era através da restrição calórica rigorosa. Mas em 2007, 88 tibetanos tiveram seu sangue testado por pesquisadores dos EUA. Eles descobriram que esses tibetanos tinham 1000% mais óxido nítrico presente no sangue do que o normal. Argumentou-se que, além da meditação, a alta altitude também poderia ter um efeito significativo sobre os resultados. Assim, outro estudo foi realizado pela Ohio StateUniversity em 2014. Foi conduzido em um grupo de meditadores amadores, praticando em altitudes regulares. Eles ainda mostraram ter um aumento de 213% no óxido nítrico.

Mas os benefícios da meditação e a chave para a longevidade não param por aí. Meditação alonga os telômeros. Os telômeros são como capas protetoras no final de cada fio do seu DNA. Eles protegem nossos cromossomos de danos, como aquelas pequenas pontas de plástico nos cadarços que os impedem de se desgastar.

Nosso DNA é o material genético que compõe todas as células do nosso corpo. Nos faz quem somos. Cada parte de nós é composta de células ordenadas pelo nosso DNA.

Para regenerar, as células se copiam. Esse processo acontece continuamente durante toda a nossa vida.Cada vez que uma célula é copiada, os telômeros são encurtados até que, eventualmente, ficam muito curtos para proteger o DNA de danos que, por sua vez, criam células danificadas.

Mas não é apenas a idade que encurta nossos telômeros, estresse, má alimentação, falta de exercícios, obesidade e tabagismo também têm efeito significativo.

Cientistas da Universidade em Davis-Califórnia descobriram que as pessoas que meditam tinham glóbulos brancos com telômeros significativamente mais longos e mais fortes do que um grupo controle. A razão para isso é pensar que é novamente a redução do estresse.

Pele Antienvelhecimento
Outro gene afetado pela meditação é o NF-kB. Este gene é responsável por acelerar o envelhecimento da pele. Estudos científicos mostraram que, em vez de ativar esta meditação genética, ela é desativada. NF-kB causa inflamação crônica. Ele é ativado por muito consumo regular de açúcar processado, dieta pobre, sono insuficiente, fumo, luz solar, toxinas ambientais e o maior de todos, o estresse.É a maneira que a meditação reduz significativamente os nossos níveis de estresse, reduzindo o cortisol e alterando a resposta do medo do cérebro, que também desliga o nosso gene NF-kB.

Dor e Doença
Pessoas que sofrem de dor crônica, muitas vezes têm que aprender a simplesmente viver com ela. Demonstrou-se que a meditação tem efeitos significativos na redução da dor e o faz de várias maneiras:
● A meditação altera as vias neurais no cérebro. Pode essencialmente substituir o processo de pensamento da dor. Exames

de ressonância magnética de 18 pacientes com dor crônica, foram feitos para um estudo realizado pela Wake Forest University em 2011. Após apenas 4 dias de meditação, os centros de dor em seus cérebros eram 57% menos ativos.

• O estresse faz com que nosso cérebro libere cortisol. Isso, por sua vez, aumenta a inflamação, sobe a pressão sanguínea, eleva a frequência cardíaca e pode afetar significativamente a dor. A meditação reduz o estresse e reduz a liberação de cortisol, reduzindo assim a dor.

• Ao sentir dor, a maioria de nós procura os analgésicos que estão em nosso banheiro. O problema com isso é que essas drogas vêm com uma série de efeitos colaterais desagradáveis. Eles danificam nosso corpo, podem criar dependência e até mesmo vícios, entorpecem nossos sentidos e apenas mascaram o problema em vez de resolvê-lo. A meditação funciona de uma maneira totalmente diferente; libera endorfinas.

Estes são os analgésicos naturais do nosso corpo. Eles não têm efeitos colaterais e estimulam a capacidade de cura natural de nossos corpos.

Sistema imunológico. Não só a meditação nos ajudará com o alívio da dor, mas também dará ao nosso sistema imunológico um grande impulso. O estresse e a imunidade diminuída andam de mãos dadas.
Há um exemplo interessante de um holandês chamado Wim Hof ou "O homem de Gelo". Através da meditação, ele treinou seu corpo para suportar temperaturas subzero extremas. Mas os cientistas também injetaram bactérias que causam sintomas semelhantes aos da gripe. Para o qual ele não teve absolutamente nenhuma resposta. Mostrando que seu sistema imunológico estava extremamente eficiente.
Na Universidade de Madison em Wisconsin, um estudo foi realizado com 25 funcionários saudáveis. Eles praticavam a meditação da atenção plena por 8

semanas. O estudo descobriu que a meditação ativou uma área importante do cérebro que está ligada ao funcionamento do sistema imunológico. Também mostrou uma poderosa resposta de anticorpos quando os participantes receberam a vacina contra a gripe.

Células T e Anticorpos Também são impulsionados pela meditação melhorando nosso sistema imunológico. Células T e anticorpos funcionam como o sistema de defesa do seu corpo. Eles são como soldados nos defendendo de ameaças feitas por vírus, bactérias e germes. O verdadeiro poder disso tem sido demonstrado em estudos médicos feitos com pessoas com AIDS. Um desses estudos realizados pela Universidade da Califórnia em Los Angeles (UCLA), foi feito em 50 homens HIV positivos. O estudo descobriu que com apenas 30 a 45 minutos de meditação da consciência plena o declínio de suas células T CD4, que normalmente são destruídas pelo vírus, foi drasticamente reduzido. Em alguns casos, a meditação ajudou até a interromper a progressão da doença.

Dores de cabeça. A pesquisa conduzida por Herbert Benson MD, Helen P. Klemchuck AB e John R Graham MD descobriu que a prática regular de meditação pode ajudar a reduzir as dores de cabeça em 37% ou mais. O estudo também mostrou que algumas formas de meditação eliminaram completamente as dores de cabeça em algumas pessoas.

Dores de cabeça têm várias causas, uma delas sendo a tensão do corpo, especialmente quando encontradas no rosto, na mandíbula e no pescoço. Como a meditação relaxa todo o corpo, naturalmente alivia este problema, reduzindo assim as dores de cabeça.

Cérebro

A meditação tem sido vista causando muitos efeitos surpreendentes no cérebro. Os padrões de ondas cerebrais de alguém com um cérebro insalubre e instável mostram que os dois hemisférios do cérebro estão desequilibrados.Um lado é usado mais que o outro. Eles não trabalham juntos em sincronia.

O hemisfério esquerdo do cérebro é responsável pelo pensamento lógico, matemático, científico e prático.Enquanto o hemisfério direito do cérebro é responsável pelo pensamento intuitivo, criativo e abstrato. Usando a meditação, as ondas cerebrais podem ser transformadas, permitindo que elas se tornem equilibradas.Isso permite que o cérebro se reorganize e crie novos caminhos neurais. Os dois hemisférios podem então ser vistos para trabalhar e se comunicar juntos. Isso é conhecido como "sincronização do cérebro inteiro".

Os benefícios obtidos pela sincronização completa do cérebro incluem um aumento significativo em sua capacidade de fortalecer e crescer. Aumenta a neuroplasticidade do cérebro. Isso significa que sua mente está desperta, permitindo que você tenha um pensamento mais focado e profundo. Melhorará sua memória, intelecto, desempenho cognitivo e saúde mental em geral. Nos deixa mais felizes com poucos sentimentos de ansiedade, raiva, depressão ou dependência. Quanto mais meditação é feita, mais esses efeitos se tornam aparentes. A evidência para isso é apoiada por milhares de estudos diferentes conduzidos por neurocientistas.

Hormônios e Produtos Químicos
Muitos dos hormônios do nosso corpo e outros produtos químicos importantes são diretamente afetados pela meditação.

- **Hormônio do Crescimento**. Após a puberdade, esse hormônio é responsável por manter os tecidos do corpo fortes, saudáveis e jovens.
- **Melatonina**. Responsável pelo sono, mas também pela regulação dos ciclos menstruais das mulheres, estimulando a produção de glóbulos brancos, ajudando pessoas com transtorno de déficit de atenção e hiperatividade (TDAH) e transtorno de déficit de atenção (TDA).Também minimiza a perda óssea e pode ajudar na prevenção e tratamento

de alguns tipos de câncer, depressão, SII e muito mais.
- **Desidroepiandrosterona.** Isso é mais conhecido como DHEA e às vezes chamado de "molécula da longevidade". Ele neutraliza os efeitos do estresse. À medida que você envelhece, o nível do DHEA também aumenta, mas a meditação pode ter um efeito significativo sobre isso. Ajuda a aliviar a depressão, ajuda na perda de peso, normaliza a função adrenal, melhora a função sexual e a libido, retarda o envelhecimento cerebral, retarda a progressão do HIV, combate o diabetes, melhora alguns tipos de câncer, previne a resistência à insulina, reduz o colesterol e tem efeitos benéficos sobre o lúpus, eczema, asma, urticária e pneumonia.
- **Serotonina e ácido gama-aminobutírico**(GABA). Se estivermos com baixa quantidade dessas substâncias químicas cerebrais, então nos tornaremos vulneráveis ao estresse, ansiedade e depressão. Tomar medicação anti-ansiedade e depressão não é bom. Deixa você se sentindo como um zumbi; pode

causar sonolência, perda de memória, confusão, tontura, falta de concentração, visão turva, insônia, náusea, fadiga e ganho de peso, além de muito mais. A verdade dolorosa é que estudos clínicos mostraram que muitas dessas pílulas nem funcionam, além de talvez ter um efeito placebo.Há muitos estudos mostrando como a meditação estimula esses importantes produtos químicos do cérebro sem a necessidade de pílulas.

- **Endorfina.** Junto com a dopamina tem o maior efeito no seu senso de felicidade. Endorfinas são analgésicos naturais do nosso corpo; eles são liberados através do exercício e quanto mais exercício você faz, mais são liberados. É por isso que o esporte pode se tornar um pouco viciante.Mas, curiosamente, o nível de liberação de endorfina causado pela meditação é ainda maior do que através da corrida, por exemplo.
- **Cortisol.** O cortisol é o hormônio do estresse. Felizmente, a meditação reduz a produção de cortisol. O cortisol é uma má

notícia, pois pode ter um efeito muito negativo na saúde.

O que tudo isso prova? Meditação e tudo o que você tem, tem um efeito direto no seu corpo, do seu sistema imunológico para seus órgãos, tecidos e células.

Sono e Relaxamento
O sono não é apenas sobre quantas horas você recebe a cada noite; é sobre a qualidade do sono. Assim como o velho ditado diz que é "qualidade sobre quantidade".Seu cérebro requer o suficiente de cada um dos diferentes estágios do sono para se regenerar. É essencial para o seu bem-estar físico, mental e emocional. Os cientistas vêm realizando estudos sobre o sono há muitas décadas e entendem bem a mecânica.
A produção de melatonina é aumentada através da meditação. A melatonina é fundamental quando se trata de adormecer. A produção de melatonina é reduzida pelo estresse.

A Universidade Rutgers conduziu um estudo que mostrou que a meditação aumenta os níveis de melatonina de 90 para 300%. Aumentar os níveis de melatonina com a meditação é muito mais eficaz do que através de suplementos. Isso ocorre porque a melatonina é necessária no cérebro e a melatonina presente no corpo não pode atravessar a barreira hematoencefálica. Isso torna os suplementos completamente ineficazes no aumento dos níveis de melatonina no cérebro. Para fazer isso, é necessário dar ao cérebro o que ele precisa para produzir melatonina por si mesmo.

Quando você não consegue dormir, as ondas cerebrais beta, que também são conhecidas como dominantes quando você está se sentindo ansioso ou deprimido, trabalham. Quanto mais você fica estressado por não conseguir dormir, mais difícil fica o sono. Os meditadores têm muito menos ondas cerebrais beta e ondas cerebrais alfa, teta e delta muito mais altas. Esses tipos de ondas cerebrais criam sentimentos de calma e aumentam nossa sensação de prazer. Eles também nos permitem dormir melhor.

Corpo

A meditação aumenta nossos níveis de energia, nos ajuda a manter um coração saudável, melhora a circulação, diminui a respiração, diminui o consumo de oxigênio, reduz a dor e a tensão muscular e pode até mesmo ajudar com a saúde do idoso.

Aumento de energia. Há muitas maneiras em que a meditação pode nos ajudar a aumentar nossos níveis de energia:
- Reduzindo a produção de cortisol aumenta os níveis de energia em cerca de 50%.
- Aumentar o número de endorfinas que são liberadas aumenta a energia.
- Boa qualidade de sono profundo, quanto mais energia recebemos, mais energia temos.
- O DHEA das substâncias químicas do cérebro produzidas pela meditação

também é conhecido por seus efeitos de aumento de energia. É por isso que muitas vezes é incluído em suplementos de aumento de energia, que são muito menos satisfatórios devido aos efeitos secundários desconhecidos a longo prazo.
- A produção de hormônio do crescimento também é aumentada. Isso é necessário para a redução da fadiga. Porque nosso corpo produz menos DHEA e hormônio de crescimento à medida que envelhecemos, também se torna letárgico e facilmente fatigado. A meditação pode ajudar a reverter isso.

Saúde do coração. Dr. Carl Stonier, um psicólogo da Universidade de Hull, realizou um estudo em 40 pacientes cardíacos durante o período de um ano. Metade do grupo praticava meditação guiada regular, enquanto a outra metade recebia simplesmente aconselhamento. Seis dos pacientes do grupo de meditação foram removidos da lista de espera da cirurgia de ponte de safena. Nenhum dos pacientes do grupo de meditação morreu, apesar de muitos deles terem estado na lista de espera para transplante cardíaco antes do estudo. Em contraste, seis dos pacientes do grupo somente aconselhamento morreram de causas ligadas ao coração. Os pacientes do grupo de meditação conseguiram reduzir ou parar completamente a medicação do coração. Devido ao sucesso do estudo. Os demais pacientes que receberam apenas aconselhamento também receberam meditação de visualização guiada como tratamento.

Este estudo não está sozinho nesses tipos de descobertas.

Foi demonstrado que a meditação pode melhorar a circulação e a frequência cardíaca. Isso se resume simplesmente à capacidade de meditar para relaxar a mente e produzir um equilíbrio químico correto que naturalmente relaxa e diminui a respiração e a frequência cardíaca. Isso, por sua vez, permite que o coração e os pulmões trabalhem com mais eficiência e obtenham mais oxigênio circulando pelo corpo e efetivamente reduzam o consumo de oxigênio.

A meditação é para todas as idades e tem se mostrado extremamente benéfica para aqueles de anos mais avançados. Ela ajuda a memória, ajuda o sistema digestivo, ativa as substâncias químicas felizes no cérebro e melhora a função cerebral, aguçando e focalizando a mente e se livrando do estresse. Tudo isso é muito benéfico para a saúde geral em todas as idades.

Sistema reprodutivo

Tensão Pré-Menstrual (TPM), não é apenas sobre mudanças de humor. Também inclui outros sintomas físicos e psicológicos, como inchaço, dores de cabeça, insônia, ansiedade e depressão.Quase toda mulher experimentou TPM em algum nível durante sua vida. Os médicos tentaram prescrever vários medicamentos para neutralizar alguns desses sintomas, que são apenas um desequilíbrio hormonal. A meditação pode ajudar reduzindo a tensão, a ansiedade e a depressão. Pode ajudar o paciente a reduzir sua irritabilidade e tornar-se mais feliz e relaxado.

Libido edesejo sexual. Estes também podem se beneficiar da meditação. Quando estamos nos sentindo estressados, o sangue é acumulado pelos nossos principais órgãos. Isso resulta em nossa energia e emoções sendo drenadas. O sexo é a última coisa em nossas mentes. Praticando meditação reduz o estresse e energiza nosso corpo e mente, impulsionando assim o nosso desejo sexual.

Infertilidade. Existem, infelizmente, muitas causas físicas para a infertilidade em homens e mulheres. Mas também há causas emocionais. Quando estressados, nossos corpos desligam funções não essenciais. Isso pode levar a uma dificuldade para conceber, causando impacto, depois de tentar e fracassar o casal pode ficar desesperado para conceber. Isso leva a mais estresse e ansiedade, o que só agrava o problema. O estresse agudo não causa apenas infertilidade, mas também pode causar abortos espontâneos. Como a meditação naturalmente reduz o estresse, ela pode produzir melhorias significativas na fertilidade e reduzir o aborto espontâneo.

Gravidez. Os muitos benefícios da meditação são maravilhosos não apenas para uma mãe expectante, mas também para seu filho não nascido. Recomenda-se durante todas as fases da gravidez para formar um forte vínculo entre mãe e filho. Também funciona como um antidepressivo natural, destruidor de estresse e bloqueador de cortisol. A mamãe será energizada, feliz e terá muito sono profundo e tranquilo.

Parto. Acredita-se que não apenas os níveis aumentados de dopamina e endorfina, que naturalmente ajudam a controlar a dor, mas também os melhores processos de pensamento produzidos pela meditação, ajudem a futura mãe a concentrar-se em sua respiração e em seu corpo e sentidos. Técnicas de visualização também são extremamente benéficas.

Capítulo 5.
Diferentestipos de meditação

Existem dois tipos principais de meditação. Monitoramento aberto e atenção focada. Em um monitoramento aberto, você permite que pensamentos e sentimentos entrem em sua mente, mas não os considera, antes de deixá-los passar e sair de sua mente novamente. Pense nisso como observar nuvens flutuando na brisa. Sons e cheiros são reconhecidos, mas não somos reativos a eles e como os pensamentos permitem que eles passem sem consideração. Esta forma de meditação é praticada na Meditação Mindfulness (atenção plena), Vipassana e algumas formas de Meditação Taoísta.

Técnicas focalizadas de meditação de atenção envolvem o foco em uma coisa durante a meditação. Essa coisa pode ser um objeto, mantra, respiração, visualização ou uma parte do corpo.É extremamente difícil, para começar, impedir que pensamentos e outras influências externas entrem na mente. Mas essas distrações se tornam menos conforme o foco é desenvolvido. Isso pode levar muitos anos para ser alcançado. Exemplos deste tipo de meditação incluem Meditação Mantra, Meditação Samatha, Meditação Chakra, Meditação Zazen, Meditação da Bondade Amorosa, Meditação Kundalini, Pranayama, Qigong e Meditação Sonora.

Aqui vamos ver alguns dos tipos mais comuns de meditação para que você possa compreendê-los melhor:

1. Meditação Mindfulness(atenção plena):

Mindfulness é uma técnica de monitoramento aberto. É sobre estar "no momento", de estar ciente, mas não reativo, do que está acontecendo ao seu redor. Isso inclui não apenas os seus sentidos, visão, som, tato, paladar, mas também seus pensamentos e emoções.

2. Vipassana:

Outra técnica de monitoramento aberto. Envolve ver as coisas como elas realmente são. Requer a total eliminação de todas as impurezas mentais para obter felicidade e liberação. O foco está na conexão entre a mente e o corpo através da atenção disciplinada. Isso é baseado em observação e o instrui a entender seus pensamentos e sentimentos, ajudando-o a se libertar do sofrimento, aumentando sua consciência e autocontrole. Com a prática, você deve alcançar uma mente que seja bem equilibrada e cheia de amor e compaixão.

3. Taoísta:

Esta é uma tradição chinesa e é baseada na filosofia taoísta. A ênfase está em viver em harmonia com a natureza, mas influências budistas também estão presentes.

Este tipo de meditação é sobre geração de energia interna, transformação e circulação. Destina-se a acalmar a mente e o corpo, a unificação do corpo e do espírito e a busca da paz interior. Também pode ter o foco de melhorar a saúde e alcançar a longevidade.

4. Mantra:

Um mantra é uma palavra, frase ou som que é repetido continuamente durante a meditação. É derivado do sânscrito e tem duas raízes, homem (que significa mente ou pensar) e Tra (que significa libertar, proteger ou ferramenta/instrumento). Assim, o mantra significa literalmente uma ferramenta para libertar a mente.

Este tipo de meditação é praticado por muitas tradições contemplativas em todo o mundo e por muitas culturas e religiões.

Os mantras podem ser palavras que tenham significado ou que proporcionem uma ótima qualidade sonora. Podem ser frases inteiras longas ou curtas, ou palavras isoladas ou até mesmo sílabas simples. Alguns mantras são recitados pelo meditador; alguns são ouvidos. Eles podem ser feitos rapidamente quando o objetivo é criar energia e entusiasmo ou, lentamente, alcançar paz e tranquilidade.Eles também podem estar ligados a outras técnicas, como respiração, visualizações ou chakras.

5. Zazen:

Também conhecida como meditação zen ou budista, baseia-se nas "quatro nobres verdades":

1. Viver significa sofrer.
2. A origem do sofrimento é o apego.

3. A cessação do sofrimento é atingível.
4. O caminho para a cessação do sofrimento.

Significa "meditação sentada" em japonês e vem do budismo zen chinês.

6. Meditação Bondade Amorosa (Metta):

Metta significa bondade, boa vontade e benevolência e é uma palavra da língua Pali na Índia. Origina-se das tradições budistas no Tibete e no Theravada. Baseia-se na ideia da meditação da compaixão, com o objetivo de desenvolver emoções positivas, amorosas e receptivas para si e para os outros.

7. Meditação Transcendental (MT):

Esta é uma forma muito específica de meditação mantra e foi desenvolvida na Índia por MaharishiMaheshYogi em 1955. Mais tarde, ele ganhou popularidade no Ocidente durante o final dos anos 60 e 70 por estrelas famosas do dia, como The Beatles e The Beach Boys.

Estima-se que existam mais de 5 milhões de pessoas praticando MT em todo o mundo. Tem mais de 600 artigos científicos sobre os benefícios obtidos pela MT.

No entanto, a MT só pode ser aprendida indo a um curso especializado que é extremamente caro. Tem sido associado com atividades de culto e há dúvidas sobre a legitimidade de alguns ou da pesquisa. Por estas razões, tem muitas críticas.

8. Meditação Yoga:

Existem muitas meditações diferentes associadas ao Yoga. Yoga em si significa união e é uma forma de exercício que usa posturas físicas, respiração e meditação contemplativa.

Acredita-se ser a mais antiga tradição de meditação na Terra e tem a mais ampla variedade de práticas.

9. Eu sou:

Isso vem da tradução do sânscrito para investigar nossa verdadeira natureza, atmavichara. Ou quem sou eu? Encontrar a resposta através da meditação, desenvolvendo um autoconhecimento íntimo. Ganhou grande popularidade no século 20 devido a um sábio indiano chamado RamanaMaharshi. Há um movimento que continua até hoje, que foi muito inspirado por seus ensinamentos, chamado de movimento de não-dualidade ou neo-advaita. Existem várias formas diferentes praticadas por professores contemporâneos, incluindo Mooji, Adyashanti e EckhartTolle.

10. Qigong (Chi Kung):

Isso vem do chinês e significa "o cultivo da energia vital". É uma mistura de exercício, meditação e arte marcial. Desenvolvido para a saúde da mente e do corpo. Incorpora movimentos corporais muito lentos, regulam a respiração e um forte foco interno. Algumas práticas Daoístas também incorporam Qigong, mas também é usado como um método autônomo.

11. Meditação Cristã:

Nas tradições meditativas orientais, o propósito da meditação é obter a "iluminação". No entanto, nas tradições cristãs, é mais comum que a meditação seja praticada para outros propósitos, como compreensão mais profunda, purificação moral ou intimidade com Deus. Isso pode assumir várias formas, incluindo a repetição silenciosa de palavras e frases com um significado sagrado para concentrar a devoção. Contemplação, que é ler e pensar sobre os ensinamentos e eventos que ocorrem na Bíblia e na meditação silenciosa, também conhecida como "sentar-se com Deus", onde a mente e o coração se concentram na presença de Deus.

12. Meditação Guiada:

Ótimo para iniciantes, a meditação guiada é praticada usando muitas das diferentes tradições já mencionadas. Um guia ou professor fala a você através da meditação. Como a meditação exige que você seja disciplinado em encontrar o tempo e a motivação, ao unir-se a um grupo de meditação em sua área local ou mesmo on-line, onde você pratica meditação juntos pode ajudá-lo a se estabelecer.

Lembre-se de que você não precisa seguir nenhuma forma específica de meditação, basta fazer o que parece certo para você e simplesmente encontrar um lugar tranquilo onde não seja perturbado. Defina um temporizador para o período de tempo que você deseja meditar e, em seguida, use a técnica de monitoramento aberta ou a técnica de atenção focalizada como preferir.

Capítulo 6.
Escolhendo a meditação certa para você

Mindfulness (Atenção plena):

Esta é provavelmente uma das formas mais simples de meditação para um iniciante. Pode ser praticado por qualquer pessoa que queira se beneficiar fisicamente e mentalmente da meditação. É usado em todos os tipos de lugares, incluindo; escolas, hospitais, empresas, grupos comunitários e muito mais. Não requer nenhum apego a uma religião ou crença. Se, no entanto, você quer se desenvolver espiritualmente, isso é igualmente relevante. Pode oferecer um passo inicial para a meditação ou ser o único tipo que você pratica.

Vipassana:

Esse tipo de meditação é excelente para ajudá-lo a se aterrar em seu corpo e entender o funcionamento de sua mente. Professores de Vipassana não são difíceis de encontrar e você também pode usar vídeos online e até mesmo visitar retiros. É sempre livre para aprender e não há rituais praticados com esse tipo de meditação. Assim como na atenção plena, é um bom lugar para começar sua jornada de meditação.

Taoísta:
Aproveitar a natureza e estar conectado ao seu corpo é o foco real da meditação taoísta. Também é útil para quem gosta de Tai Chi ou outras artes marciais. No entanto, pode ser mais difícil encontrar professores para ajudá-lo a se estabelecer neste método.

Mantra:

Se você tem um cérebro muito ocupado e descobre que sua mente está ativa demais para tirar o máximo proveito dos estilos abertos de monitoramento, então o mantra pode muito bem ser a resposta, porque no mantra sua mente está focada em algo que não seja apenas sua respiração. Algumas pessoas praticam os dois tipos de meditação dependendo do estado mental. Se sua mente está correndo e você precisa se concentrar, então concentrar seus processos de pensamento pode ajudá-lo a recuperar o controle, uma vez que requer toda a sua atenção.

Zazen:

Há muita informação disponível sobre a meditação Zazen (Zen). Embora seja em grande parte uma prática budista, ela também pode ser encontrada em várias outras comunidades. A ênfase aqui é manter uma boa postura ereta para ajudar na concentração. Tem um estilo bastante sóbrio e é sobre limpar a mente. O Zazen também pode, às vezes, incorporar outros elementos, incluindo o canto, o ritualismo, a leitura em grupo e os ensinamentos de Buda.

Bondade Amorosa:
Benéfico não só para os altruístas, mas também para o egoísmo. Com bondade amorosa, o foco está em dar, que é uma energia extremamente positiva. É quase impossível manter sentimentos de negatividade. É bom para pessoas que não têm confiança ou autoestima. Sofra com raiva, insônia ou pesadelos. Também pode beneficiar relacionamentos.

Meditação transcendental:
MT só pode ser aprendido através de um professor de MT certificado. É caro e ritualístico. Foi ligado a grupos cultistas.

Yoga:
Existem várias formas diferentes de yoga e muitas pessoas praticam yoga e outras formas de meditação não física em harmonia umas com as outras. Como existem tantos tipos, e as classes estão facilmente disponíveis tanto dentro das comunidades locais quanto na Internet, o yoga é popular entre uma ampla população da população. Há algo para todos. Lembre-se que a ioga requer um nível de atividade física e mental e é, na verdade, uma forma de exercício.

Eu sou:
Esse tipo de meditação pode ser difícil de entender e seguir. Meditações guiadas sobre a técnica são aconselháveis. Isso pode ser feito procurando vídeos na Internet ou no YouTube. Tente procurar por Mooji como ponto de partida. É uma excelente forma de meditação se você estiver procurando alcançar paz e liberdade interior.

Qigong:

Tal como acontece com o yoga, o Qigong é também uma forma de exercício. Isso o torna ideal para pessoas que acham difícil ficar quieto por qualquer período de tempo. Os exercícios são simples, mas a técnica leva tempo para dominar. As turmas estão disponíveis ou você pode encontrar recursos no YouTube. Você também pode obter DVD, se preferir. Tai Chi é uma forma de Qigong.

Meditação Cristã:
If you are of the Christian faith, you may be attracted to this form of meditation. It is used to reflect on the Bible, its teachings and on God or Christ.

Guiada:
Se você não sabe por onde começar ou está tendo dificuldade em obter o máximo de sua meditação, você pode achar que algumas meditações guiadas ajudarão. Você pode encontrar meditação guiada oferecida em grupos locais, ou pode acompanhar assistindo on-line a partir de vídeos do Youtube. Alguma meditação guiada é direcionada para necessidades específicas, como trabalhar com trauma

ou melhorar a autoestima. Existem muitas opções diferentes disponíveis, por isso não deve ser muito difícil encontrar uma para se adequar a você.

Capítulo 7.
Como meditar

Aqui vamos ver como os diferentes tipos de meditação são praticados. Você verá que algumas formas são muito semelhantes, enquanto outras têm diferenças distintas. É bem provável que alguns o atraiam mais do que outros. É uma boa ideia tentar algumas meditações guiadas para começar. Estes podem ser encontrados online e há uma boa variedade disponível no YouTube. Você também pode comprar DVDs ou CDs para praticar meditação guiada. Ou encontre um grupo de meditação perto de você e aprenda diretamente com um professor de meditação.

Meditação Mindfulness(Atenção plena):
Mindfulness é sobre relaxar e acalmar a mente. Atenção plena, o ato de estar presente, mas não reativo, pode ser praticado em todos os momentos. É como colocar um amortecedor entre nós e nossas reações. Não nos permitir sermos

excessivamente reativos a qualquer situação.
1. Reserve o tempo para meditar. Coloque em seu diário, como um alerta em seu telefone, o que for preciso. Mas agende o horário, para que você não tenha desculpas para não fazer isso.
2. Sente-se confortavelmente na posição vertical. Ou em uma almofada no chão ou em uma cadeira.
3. Simplesmente observe o que está acontecendo ao seu redor no momento presente. Não reaja a isso, mas simplesmente observe-o.
4. Ouça a sua respiração, como ela é rítmica e constante.
5. Permita que seus pensamentos e sentimentos passem sem julgamento.
6. Se sua mente vagar, simplesmente traga-a de volta para observar o momento. Faça isso toda vez que estiver distraído. Quanto mais você pratica, menos distraído você será.
7. Não julgue a si mesmo ou a qualquer um dos seus pensamentos. Aprenda a

reconhecer que sua mente se perguntou e a devolveu ao foco.

Não é fácil impedir a mente de se perguntar continuamente. Quanto mais você pratica, mais fácil se tornará.

Vipassana:

A Também conhecida como meditação de insight, é prestar muita atenção à sensação. É a forma de meditação que foi realizada por Buda.

1. Sente-se na posição vertical com as costas sem apoio.
2. Esteja consciente de como você está respirando, concentre nisso de momento a momento e use para estabilizar sua concentração.
3. Permita-se sentir qualquer sensação em seu corpo. Permita que pensamentos e emoções entrem em sua mente, observando-os momento a momento sem segurá-los. Deixa eles irem.
4. De cada vez, volte a concentrar-se na sua respiração e considere que outras

sensações, sons ou pensamentos nada mais são do que ruído de fundo.
5. Depois de ter praticado essa técnica algumas vezes, você pode expandi-la e rotular o que seus outros sentidos experimentam. Por exemplo, se algo entrar em sua mente, rotule-o como pensamento, sentimento, memória etc. O mesmo com seus sentidos, rotule-o como som, cheiro, coceira, dor, etc. Isso é chamado de observação. Uma vez observado, retorne sua mente à concentração na sua respiração - seu foco principal. Não permita que suas notas sejam específicas. Se, por exemplo, você ouve um carro, não o note como carro, simplesmente anote-o como som. O mesmo com a dor, não o torne específico como dor nas costas, apenas note como dor.
6. À medida que você se tornar perito em fazer isso, descobrirá que é capaz de retornar sua concentração de volta ao foco principal mais rapidamente. Isso ajudará a evitar que você seja levado pelos pensamentos.

Meditação Taoísta:
Existem diferentes formas de meditação Taoísta. Estes incluem concentração, visualização e insight.

Respiração: Assim como a atenção plena e a Vipassana, a meditação da respiração se concentra na respiração. A ideia é tornar a respiração extremamente suave. Isso pode ser feito apenas observando a respiração ou implementando padrões respiratórios específicos.

Vazio: Neste tipo de meditação, o objetivo é livrar a mente de todas as imagens mentais, pensamentos e sentimentos. Ele é projetado para alcançar um silêncio interior completo e esquecer tudo o mais. A ideia disso é que isso reabastece seu espírito.

Neiguan: Visão interior. Isso é sobre visualização interna. Pensando no interior da mente e do corpo, os órgãos, os processos. É sobre aprender sobre a natureza do seu corpo. Esse tipo de meditação não pode ser aprendido por conta própria e exigirá um professor.

A meditação Taoísta deve ser realizada de pernas cruzadas no chão com uma coluna ereta. Os olhos estão parcialmente, mas não completamente fechados, e estarão focados em um ponto no final do nariz.

Mantra:
Esse tipo de meditação nem sempre é voltado para o espiritual, mas, em vez disso, muitas vezes visa melhorar alguns aspectos de sua vida. Pode ser para melhorar o relaxamento, a saúde, o desempenho ou o crescimento pessoal. Para este fim, você pode escolher qualquer mantra que você deseja amarrar com seu objetivo. Seja uma frase, palavra ou som que ressoa com você.Tente escolher palavras ou frases que tenham significado e realmente se conectem ao que você está tentando alcançar. Por exemplo, se você está tentando promover uma sensação de calma, pode usar palavras como palavras segura, tranquila, quente, doméstica ou de associação, que fazem com que você se acalme, como sol, água, prado e flor. Você pode visualizar as palavras conforme as diz em sua mente.

Com a prática, você descobrirá que algumas palavras terão sons que ressoam mais com você do que com os outros. Você pode então ajustar seus mantras de acordo para trazer o maior efeito.

Tenha cuidado para não usar palavras que tragam qualquer forma de negatividade para você. Estes nunca são úteis.

Quando você encontrar um mantra que traga o efeito certo, fique com ele, pois isso ajuda você a obter o maior benefício ao longo do tempo.

Se você está procurando por um objetivo espiritual, sua escolha de mantra será diferente. Muitas vezes, é melhor usar um mantra tradicional, pois ele contém sua própria energia e foi experimentado e testado, usado por séculos. Nesse caso, é melhor usar o mantra em sua forma original e não traduzir. Tente garantir que você esteja usando pronúncia e entonação corretas. Isto é porque mantras são tanto sobre o som que eles fazem quanto as palavras que estão sendo usadas. É importante obter a vibração sonora correta.

Você precisará fazer uma pequena pesquisa para encontrar a tradição que você mais gostaria de seguir. Depois de encontrar, procure um professor e peça conselhos sobre como escolher o mantra certo para você. Depois de ter encontrado o mantra certo, ele deve ser mantido em segredo e não compartilhado com os outros.

1. Sente-se numa posição vertical confortável, de preferência no chão.
2. O mantra pode ser dito em diferentes velocidades para atender às suas necessidades. Rápido para energizá-lo ou lentamente para acalmá-lo. O comprimento do mantra também terá um efeito automático na velocidade.

3. Experimente dizer o mantra a velocidades diferentes e veja o que é melhor. As diferentes velocidades afetarão a maneira como o cérebro responde. Depois de ter começado um mantra a uma certa velocidade, fique com ele. Não continue mudando a

velocidade com uma única sessão de meditação.

4. Se há muitos pensamentos livres tentando enlouquecer sua mente, aumente mentalmente o volume que está dizendo seu mantra. Isso ajudará a manter sua mente focada. Enquanto sua mente começa a se aquietar, você pode dizer isso mais suavemente até que você quase não consiga ouvi-la.

5. Você pode escolher respirar no tempo do seu mantra. Por exemplo, se forem apenas algumas palavras, você pode inspirar ao repeti-las e repeti-las. Ou se for muito curto, diga duas vezes enquanto respira e duas vezes quando expira. Se for longo, então diga uma vez ao longo de um ciclo completo de inspiração e expiração. Apenas use o que quiser. Isso geralmente acontece naturalmente sem muita reflexão.

6. É importante manter sua mente prestando atenção ativa à repetição do

mantra, seja um mantra que você está recitando ou alguém que você está ouvindo. Tente renovar seu foco em todas as repetições.

7. Você está tentando unir completamente sua mente e se tornar um com seu mantra. É por isso que escolher o mantra certo é tão importante. Se você não se sentir conectado a ela, isso não será totalmente benéfico para você.

8. Quando você tem o mantra certo, você perceberá com o tempo que manter a consciência disso e ficar no momento torna-se mais fácil. Se a sua mente se vaga em pensamentos, traga-a gentilmente de volta ao estado concentrado. Não lute com isso, pois isso criará uma tensão que não é construtiva para a meditação.

Meditação Zazen (Zen):
Esta é uma meditação budista tradicional.

1. Primeiro, encontre um lugar tranquilo onde você possa ficar tranquilo durante a meditação. Para iniciantes, pode ser melhor enfrentar uma parede em branco para evitar distrações.

2. Certifique-se de estar usando roupas confortáveis que não causem desconforto durante a meditação.

3. Na meditação Zazen, a postura é muito importante. Deve ser relaxado e confortável, mas também ereto e equilibrado. Você pode usar as posturas tradicionais sentadas em uma das posições meditativas. Estas são as posições do mais fácil ao mais difícil:

- Use uma cadeira. Certifique-se de estar sentado em linha reta com os dois pés apoiados no chão. Você não deve se apoiar nas costas da cadeira, mas se apoiar.
- Seiza. Nesta posição, você usa um banquinho de ioga ou meditação. É um banquinho muito baixo que você senta em

uma posição ajoelhada com as pernas debaixo de você abaixo do banco.

- Birmanesa. Sente-se em uma almofada de meditação com os joelhos flexionados como se estivesse com as pernas cruzadas. Mas em vez de cruzar as pernas, simplesmente coloque os pés no chão à sua frente, com um pé atrás do outro.
- Lótus Trimestre. Mais uma vez, usando a almofada de meditação, cruze as pernas à sua frente.
- Meia Lotus. Como no quarto de lótus, cruze as pernas, mas desta vez coloque um dos pés na coxa oposta.
- Lótus Completo. Desta vez, cruze as pernas, mas coloque os dois pés sobre as coxas opostas.

4. Lembre-se de que você terá que manter a posição que escolher durante a meditação, assegure-se de estar confortável.

5. Seus olhos estão meio fechados; seu olhar está voltado para o chão em um ângulo de 45 graus. Não olhe para

nada em particular, mas traga a atenção de volta para você.

6. Coloque as mãos no seu colo com as palmas voltadas para cima. Coloque a mão esquerda na palma da mão direita e toque as pontas dos polegares juntas.

7. Respire naturalmente. Para ajudar a focalizar, você pode fazer um exercício de respiração. Cada vez que você expira, conte um único número. Faça isso toda vez até chegar a 10 e, em seguida, comece novamente. Por exemplo, Respire, enquanto expira e conta 1. Inspire, expire e conte 2. Respire, expire e conte 3. Continue até chegar aos 10 e, em seguida, comece novamente. Se perder a contagem, comece de novo. Certifique-se de respirar pelo nariz e não pela boca, se possível.

8. Concentre-se não apenas na sua respiração, mas também na sua

postura. Certifique-se de estar sentado. Imagine que você está tentando tocar o céu com o topo da sua cabeça. Certifique-se de que suas costas e pescoço estão retos e que suas mãos e pés mantêm sua posição.

9. Naturalmente, permita que qualquer pensamento venha e vá sem colocar nenhum foco sobre eles. Nem chame a atenção para eles nem tente fazê-los desaparecer, pois isso os levará a um foco mais nítido. Tente, em vez disso, trazer sua mente de volta à sua respiração e postura. Isso ficará mais fácil com a prática.

10. Use um temporizador de meditação, para que você saiba quando terminar sua meditação ou, naturalmente, deixe-a terminar quando estiver pronto.

11. Quando você terminar sua meditação, tire um momento para

mover seu corpo e voltar a estar presente.

Meditação da Bondade Amorosa:
Nesta forma de meditação, o objetivo é gerar sentimentos de amor e bondade para com você e com os outros. Muitas vezes achamos difícil sentir isso por nós mesmos, mas é realmente importante fazê-lo para alcançar um lugar de felicidade e contentamento. A Meditação da Bondade Amorosa é ideal para pessoas que têm sentimentos de baixa autoestima, insegurança e insegurança geral.

1. Encontre uma posição na qual você possa se sentar confortavelmente durante a meditação. Você pode optar por usar uma almofada, banquinho de meditação ou uma cadeira de encosto reto. Enrole um cobertor em torno de si para o calor adicional.

2. Esta meditação tem cinco fases. Defina um temporizador que irá alertá-lo para o final de cada fase. Ou você pode optar por permitir que seus

sentimentos naturais o orientem quanto ao momento em que você deve seguir em frente. Para iniciantes, 5 minutos é um bom período de tempo para cada fase. Você pode usar aplicativos especiais de meditação em seu telefone ou computador para ajudá-lo com isso.

3. Prepare-se para a meditação, colocando sua atenção no presente. Olhe para o seu objeto feliz escolhido para ajudar a se ancorar no presente.

4. Feche os olhos e comece pensando no seu corpo. Torne-se plenamente consciente disso. Comece por pensar nos dedos dos pés e mova-se gradualmente até os pés, tornozelos, pernas, joelhos, coxas, nádegas, pelve, quadris, costas, peito, ombros, braços, cotovelos, antebraços, punhos, mãos, dedos, pescoço e finalmente sua cabeça.

5. Mantendo os olhos fechados, comece a fase 1 da meditação. Pensamentos diretos de bondade para com você. Você pode fazer isso de várias maneiras. Tente pensar em um momento em que você sentiu isso anteriormente. Use palavras ou uma frase para repetir que expresse bondade amorosa como "Que eu seja feliz" ou "Que eu seja amado" por exemplo. Você também pode imaginar alguém comunicando gentileza amorosa com você. A maneira como nos sentimos sobre nós mesmos afetará a maneira como tratamos os outros. Permita que os sentimentos de amor que alguém tem por você sejam aceitos completamente.

6. Agora vá para a fase 2. Cultive sentimentos de gentileza amorosa em relação a alguém por quem você já tem sentimentos, como um amigo, colega ou professor, por exemplo. Quando você começa a praticar a meditação da bondade amorosa, é melhor não usar

seu parceiro, filhos ou pais, pois seu relacionamento com eles é íntimo e complexo. Em vez disso, use alguém com quem você tenha uma forte amizade. Reflita sobre as boas qualidades dessa pessoa ou visualize-as irradiando alegria.

7. Para a fase 3, cultive a bondade amorosa para com uma pessoa neutra. Alguém que desencadeia nem gosta nem desgostar. Deve ser alguém que você conhece ou vê regularmente, como um vizinho, lojista ou membro de um clube ou organização da qual você faz parte.

8. Na fase 4, transforme sua bondade amorosa em uma pessoa hostil, alguém com quem você está passando por dificuldades. Isso pode ajudá-lo a alcançar um estado de perdão se essa pessoa tiver feito algo para prejudicá-lo. Também pode ajudar seu relacionamento a se tornar melhor com essa pessoa.

9. Na fase final, pense nos três juntos - amor e bondade para você, seu amigo e seu inimigo. Em seguida, mova seus sentimentos de amor e bondade para o mundo mais amplo, para toda a humanidade e a natureza. Todas as coisas vivas.

10. Quando tiver terminado de abrir os olhos, reflita sobre a sua meditação e volte a se concentrar no presente olhando para o seu objeto de felicidade. Lembre-se de usar sua bondade amorosa no seu dia-a-dia e não apenas em sua meditação. Medite regularmente para obter o maior benefício.

Meditação Yoga:
Existem diferentes formas de yoga, então aqui vamos apenas olhar para algumas das práticas de meditação usadas em algumas das formas.
Meditação Chakra. Existem sete chakras (centros de energia), encontrados dentro

do corpo. A meditação dos chakras é feita usando mantras específicos para cada chakra.

Meditação do Terceiro Olho. O terceiro olho é o ponto que fica na testa diretamente entre as duas sobrancelhas. A atenção é fortemente focada neste ponto com o objetivo de silenciar a mente. Com a prática, é possível obter silêncios mais longos entre os pensamentos. Os olhos geralmente estão fechados ao realizar essa meditação.

Meditação Contemplativa. O foco nesta meditação é fixado em um objeto escolhido pelo meditador; pode ser qualquer coisa, mas na maioria das vezes é uma vela, imagem ou símbolo conhecido como yantras. O meditador fixa o olhar no objeto, depois fecha os olhos ainda visualizando o objeto em seu "olho da mente". Isso pode ser uma forma muito poderosa de meditação.

Meditação Sonora (Nada Yoga). Não é de surpreender que essa forma de meditação se concentre no som. Normalmente, começa com o uso de música calmante suave e o meditador concentra sua atenção apenas em ouvir a música completa e abertamente, a fim de acalmar sua mente. Com o tempo, isso também se ajusta a ouvir sons internos da mente e do corpo.

Eu sou:
Usando o autoquestionamento "Quem sou eu?" Você rejeita todas as respostas verbais que aparecem para você. Em vez disso, você usa a pergunta para concentrar a atenção no estado subjetivo de "eu sou". Explore-o profundamente em sentimentos, não em palavras. O verdadeiro você será então revelado.Isso depende de experiências que você teve e sua percepção dessas experiências. Quando você experimenta um pensamento ou sentimento, pergunte: "de quem é esse pensamento ou sentimento?" A resposta é sempre: "É para mim". Embora simples, esse tipo de meditação pode ser complexo de entender. Use recursos para ajudá-lo.

Qigong:
Essa forma de meditação tem muitos milhares de exercícios associados a ela. Existem mais de 80 métodos diferentes de respiração. Estes incluem exercícios para fortalecer e energizar o corpo, enquanto outros estão focados na restauração e reparação.

Pode ser praticado sentado ou em pé ou usando um movimento específico. Você pode descobrir sobre isso olhando vídeos do YouTube ou em DVD's. A forma de meditação é geralmente feita sentada e sem o uso de movimento.

Vamos ver este exemplo em apenas um dos exercícios usados no Qigong..

1. Comece por encontrar uma posição confortável para se sentar. Assegure-se de que o corpo está centrado e equilibrado.

2. Em seguida, concentre-se em garantir que todo o corpo esteja relaxado. Trabalhe de seu corpo externo para o seu corpo interno, até seus órgãos e até mesmo seus nervos.

3. Mantenha a respiração regular, profunda, longa e suave.

4. Mantenha a mente calma.

5. Em seguida, preste atenção ao seu centro de gravidade inferior, que é encontrado dois centímetros abaixo do umbigo. Esta é a raiz da sua energia vital. Concentrando-se nesta área, você está reunindo energia para reabastecer seu reservatório de energia natural. Sinta esta energia circulando pelo seu corpo.

Meditação Guiada:
Há muitas meditações guiadas disponíveis para você experimentar gratuitamente no YouTube ou em outros sites de meditação. Você também pode obter arquivos de áudio, podcasts, CDs e DVDs. Ou visite centros de meditação e participe de uma sessão em grupo.

As meditações geralmente seguem uma das escolas, como as ilustradas acima.

Eles podem ter várias formas. Em primeiro lugar, onde o instrutor fala com você para guiá-lo através de sua atenção e foco, a fim de alcançar um estado meditativo. Há apenas uma fala muito ocasional e geralmente uma faixa de música de fundo que toca por toda parte. Um método diferente chamado "Imagens Guiadas" ajudará você a usar sua imaginação para visualizar objetos, entidades ou mesmo jornadas completas.Há também "Afirmações", onde imagens guiadas são usadas para imprimir mensagens em sua mente. "Binaural Beats", que são duas frequências de som diferentes que são tocadas independentemente uma em cada orelha. Isso faz com que seu cérebro tente reconciliar as diferenças sonoras e engradar as ondas alfa no cérebro, que também estão associadas a outros tipos de meditação.

Cristã:
Existem várias formas de prática meditativa cristã; aqui vamos olhar para algumas.

Oração Contemplativa. É onde as palavras ou frases completas são repetidas por 10 a 30 minutos. As palavras poderiam incluir, Senhor, Pai, Jesus, Amor, Misericórdia, etc. Ou as sentenças poderiam ser "Nosso Senhor Jesus Cristo, tenha misericórdia de mim". Estas não são repetidas mecanicamente, mas com emoção e grande foco. Com cada repetição sendo como uma nova oração. Quando quaisquer outras imagens, emoções ou pensamentos entram na mente, o foco é retornado para as palavras sagradas.

Lectio Divina. Significa a "palavra divina" ou a "leitura divina". Uma passagem curta das escrituras é dedicada à memória e depois repetida em silêncio por um período de tempo. Quaisquer pensamentos, ideias ou imagens que possam surgir diretamente relacionados à passagem são permitidos. Alguns também visualizam cenas referentes à vida de Jesus ou a outros contos da Bíblia.

Leitura contemplativa. Isso envolve a profunda contemplação de textos da Bíblia ou de santos cristãos e enfocando o significado por trás das palavras. O objetivo é aumentar o relacionamento da pessoa com Deus.

Sentado na Presença de Deus. Isso geralmente começa com alguma oração contemplativa ou leitura para acalmar e unificar a mente. O foco da atenção é então direcionado para a grandeza de Deus e estar na presença de Deus com cada grama fundamental do seu ser, coração, alma e mente. Você deveria se render totalmente. Quaisquer emoções ou pensamentos que surjam também são oferecidos a Deus.

Lembre-se de que toda meditação é basicamente sobre produzir uma sensação de paz e felicidade interior. Alivia o estresse e pode ajudar a dissolver a depressão.

Conclusão

Espero que agora você tenha uma melhor compreensão de como a meditação pode beneficiá-lo. Ao ler este guia, você terá uma compreensão mais profunda de como sua mente funciona e como a meditação altera seu cérebro para que funcione em seu nível ideal. Da produção de hormônios e substâncias químicas, precisamos viver sem estresse, ansiedade ou depressão. Para ser feliz e equilibrado em nossos pensamentos e ações.

O verdadeiro teste, claro, é testá-lo por si mesmo. Com isso quero dizer realmente tentar. Dê a si mesmo uma janela de tempo a cada dia que você protege para a meditação. Embora seja muito mais fácil para um iniciante fazer isso em algum lugar silencioso e sem perturbações, eventualmente será possível praticar meditação em qualquer lugar.

Faça parte de sua vida diária, como comer, beber ou escovar os dentes —você escova os dentes, certo? Se você puder tornar a meditação habitual, colherá os benefícios para o resto de sua vida.

Não seja tímido, espalhe a notícia, diga aos seus amigos o quanto é incrível e ajude a mudar a vida de outra pessoa também.

Namaste.

www.ingramcontent.com/pod-product-compliance
Lightning Source LLC
Chambersburg PA
CBHW071848070526
44583CB00016B/1588